U0925832

地图上的世界历史百科（上）

洋洋兔 / 编绘

中国大百科全书出版社

图书在版编目（CIP）数据

地图上的世界历史百科．上 / 洋洋兔编著．-- 北京：中国大百科全书出版社，2024.5

ISBN 978-7-5202-1513-8

Ⅰ．①地… Ⅱ．①洋… Ⅲ．①世界史－少儿读物 Ⅳ．①K109

中国国家版本馆 CIP 数据核字（2024）第 076911 号

审图号：GS（2023）4092 号

地图上的世界历史百科（上）

出 版 人：刘祚臣
责任编辑：陈莎日娜
责任美编：郑若琪
营销编辑：宋金煜
责任印制：邹景峰

出版发行：中国大百科全书出版社
社　　址：北京市阜成门北大街 17 号
（编辑部电话：010-88390759　发行部电话：010-88390628　邮政编码：100037）
网　　址：http://www.ecph.com.cn
印　　刷：北京瑞禾彩色印刷有限公司
开　　本：787 毫米 ×1092 毫米　1/8　全书印张：23.5
版　　次：2024 年 5 月第 1 版
印　　次：2024 年 5 月第 1 次印刷
书　　号：ISBN 978-7-5202-1513-8
定　　价：298.00 元

世界从这里开始

北极熊灿烂总是和同伴一起待在北极，那里除了冰天雪地，什么都没有。于是，他们一起造出了最酷炫的飞行器——极光号，要飞往世界各地看风景。

在中国上海，有一个喜欢看书、旅行和收集明信片的学生阿朵朵。一天晚上，她家院子里传出一声巨响，竟然是一架奇形怪状的飞机砸到了地上！飞机里爬出了一只巨大的北极熊。经过一番沟通，阿朵朵才知道这是一只想去见识广阔世界的北极熊，于是他们成了朋友，开启了穿梭世界的旅程。

世界时空漫游指南 带你“换个姿势”看文明

历史与百科并存，集地图、科学、文化于一身

一.世界各文明、各国历史疆域地图

1 名称

2 所属大洲

3 简介

4 不同时期的疆域

5 首都

6 插图和文字，全面了解当时该文明或国家的人文、科技和军事

二.各文明、各国家简史

1 大事件年表

2 重大历史事件

3 采用绘本形式讲述当时该文明或国家的历史

三.百科知识专题

对世界发展进程有影响的主题介绍

漫游世界文明攻略

时间菜单：为您定位

目录其实是一张按照世界文明发展进程排序的时间菜单，页码帮助您快速定位到世界的当时当地。

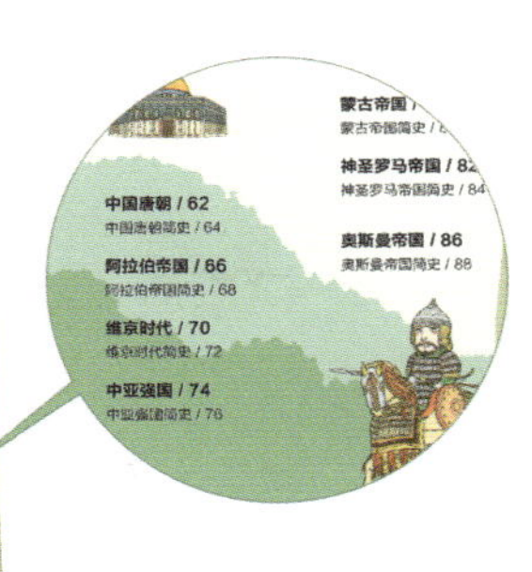

地图：持续导航

一个文明或国家的地图展现了它的疆域变迁，一眼百年，不会迷路。

古代奥林匹克运动会

公共厕所

英式下午茶

骑士

体验风土人情

去古希腊参加古代奥林匹克运动会，去古罗马上个公共厕所，到法兰克王国雇用骑士效忠自己，到维多利亚时代的英国来杯下午茶。

看一看推动历史发展的战争电影

这里有世界经典战争集合，冷兵器、热兵器和未来兵器的集合，持斧钺钩叉的兵种、能开坦克驾飞机的兵种的集合，宛如放映一部部精彩电影。

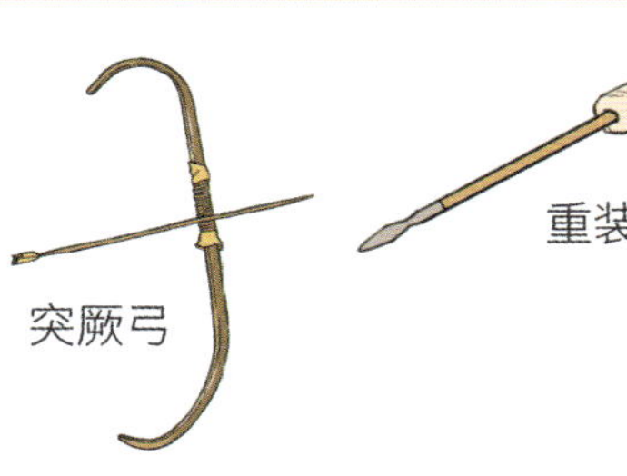

突厥弓

重装步兵

SBD“无畏式”战斗机（美）

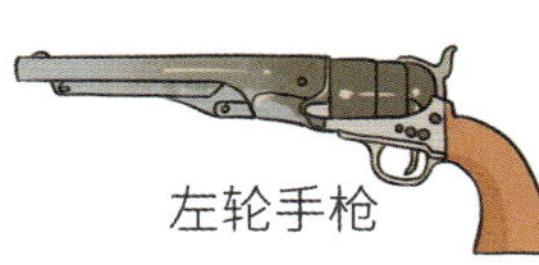

左轮手枪

矛

戈

火铳

索苏巴塔长剑

乌尔班大炮

回回炮

BT坦克

来一场世界美食之旅

现在我们吃到的美食都是从何时、哪里来的，带着这样的疑问去找一找答案吧！

鹅肝

炸鱼薯条

土耳其烤肉

皇帝煎饼

卡特拉玛

朗姆酒

黑面包

斯福加托

世界博物馆开展

来自世界各地的文物汇聚在一起，等着你来欣赏。

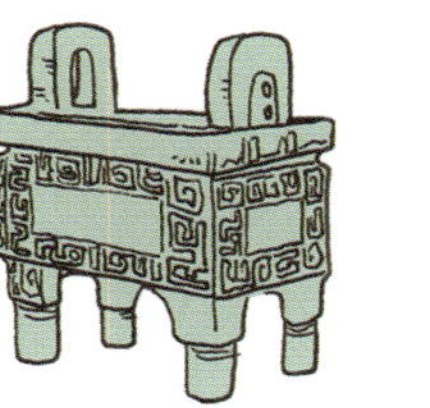

后母戊鼎

阿伽门农黄金面具

黄金镜台

白铜器皿

陶器

寻找答案

如果你想了解人类如何起源的、蒸汽机到底长什么样、拿破仑为什么被称为“战神”、神圣罗马帝国到底是个怎样的国家等问题，都能在这里找到答案。

瓦特改良蒸汽机

目录

从宇宙大爆炸到人类诞生

“大爆炸宇宙论”认为，宇宙诞生于约137亿年前的一次大爆炸。宇宙大爆炸，产生了时间和空间，形成了无数星球。约46亿年前，地球形成。之后地球上出现了大气和水，生命开始产生，地球变得生机勃勃起来。

- 早期的地球处于熔融状态，犹如一个大火球，经过几亿年才慢慢冷却下来，并逐渐出现了原始大气层和原始海洋。

- 海洋逐渐热闹起来，但陆地依旧是光秃秃的。约5亿年前，以鱼类为代表的脊椎动物出现，它们称霸了海洋。

硬骨鱼

水中高度发展的脊椎动物

梁龙

霸王龙

- 之后，海洋生物开始向陆地发展。距今约3亿年前，一些鱼类爬上陆地，长出了四肢和肺，演化成两栖动物，但它们还不能完全脱离水域。

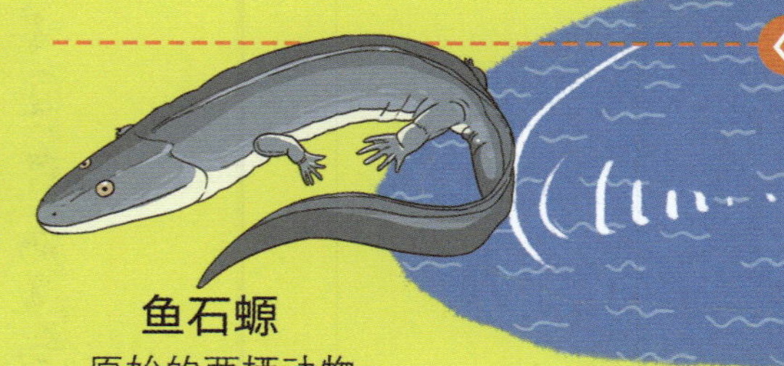

鱼石螈

原始的两栖动物

- 再后来，地球上演化出可以完全在陆地上生活的爬行动物。各式各样的早期爬行动物占据了地球。距今约2亿年前，以恐龙为代表的爬行动物时代到来了。

棘龙

始祖鸟

- 1974年，人们在非洲埃塞俄比亚发现了一具属于南方古猿的化石。据推断，这是一位20多岁的女性，生活在距今约300万年前，科学家将其命名为“露西”。露西所属的族群——阿尔法南方古猿是现代人类的祖先，而她被一些考古学家誉为“人类祖母”。

1
宇宙大爆炸发生于约137亿年前，大爆炸的原点是一个致密炽热的“奇点”。
2
爆炸发生后，“奇点”不断冷却膨胀，星云、星系逐渐形成。约46亿年前，地球诞生了。
3
4
约35亿年前，单细胞生物出现，之后又演化出多细胞生物。
5
草履虫
单细胞生物
海绵
多细胞生物
蓝藻
单细胞生物
水母
腔肠动物
鹦鹉螺
软体动物
三叶虫
节肢动物
7
8
后来，哺乳动物出现了。有些科学家认为，约6500万年前，一颗陨石撞击地球，使气候变得异常寒冷，食物也开始短缺。当时地球上包括恐龙在内的很多动物灭绝了，而那些个头较小、拥有恒定体温和厚实皮毛的哺乳动物，熬过了寒冬，逐渐繁盛起来。
9
剑齿虎
雕齿兽
始祖马
约400万年前，非洲东南部出现了一种能直立行走的哺乳动物——南方古猿。
为了生存，我只能昼伏夜出。
始祖兽
恐象

早期人类的生活

和有着46亿年历史的地球相比，人类的诞生好像是刚刚发生的事。约400万年前，人类的祖先在非洲出现。他们一路演化，直立行走，手脚分工，制造工具，储存火，在世界各地定居。

距今约1.1万年，人类学会了种植庄稼，驯养家畜，从这时开始，人类文明飞速发展。

一、人类演化的大致过程

四、现代人类的迁徙

五、畜牧

人们在打猎时，将抓回的动物幼崽饲养起来，慢慢驯化繁育，就有了家畜。家畜不仅可供人类食用，还能被用来驮重和代步。随着家畜越来越重要，游牧文明诞生了。

人类社会早期驯化的家畜、家禽

人类社会早期种植的作物

南方古猿：从猿过渡到人的重要标志之一，已经能够直立行走。

能人：能够使用工具。

直立人：走出非洲，能制造多种工具，懂得使用火，开始使用符号与基本的语言。

智人：能制造更复杂实用的工具，懂得人工取火，脑容量和现代人基本一致。

现代人类：具有共同遗传体质特征，比如肤色和发色及眼、鼻、唇的形状等。

尼安德特人

他们是早期智人的代表之一，能适应寒冷环境。

二、人类大迁徙

古人类不断走出非洲，走向世界各地，演化出很多种古人类，如欧洲和近东地区的尼安德特人、中国的"北京人"，但他们都不是我们的直系祖先。

山顶洞人

他们是中国晚期智人的代表之一，生活在北京市周口店龙骨山顶部的山顶洞中。

三、工具和火

约200万年前，古人类开始使用打制石器、骨器等。他们通常以家族为单位，群居于洞穴之中，以采集野果、打猎和捕鱼为生。后来，古人类学会利用自然火取暖、驱赶野兽、烧烤兽肉。再后来，古人类学会了钻木取火，保存火种。火的使用可是人类历史上的一件大事，当时还有专门看护火种的人员。

弗洛勒斯人

弗洛勒斯人因居住在印度尼西亚弗洛勒斯岛上而得名。据推测，他们是已知的最晚灭绝的古人类。

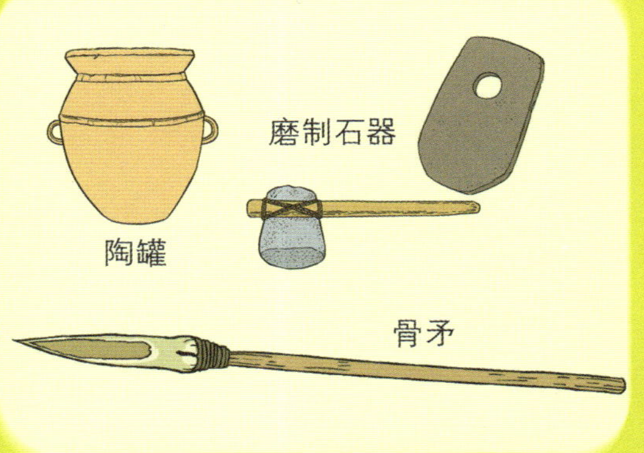

大约在1万年前，人类能制作复杂的磨制石器，并开始使用黏土制作陶器。

六、农业和定居

最初，人类为了食物和生存四处迁徙；后来，人类开始栽培种植作物。随着农业和饲养家畜水平的提高，人们逐渐放弃漂泊生活，开始定居，聚集到一起，形成了聚落。

古文明时代

文字和青铜工具的发明及发展，大大提高了人类的发展速度。人们聚集在一起生活，推举首领，形成部落，最后部落演变成国家，创造出灿烂的古文明。两河流域（幼发拉底河、底格里斯河）、古埃及、古印度和中国等地，孕育出了美索不达米亚、古埃及、古印度和古代中国等文明。

一、早期定居点

随着人口增加，人类定居点越来越多，各地出现了如恰塔尔休于（在今土耳其）、耶利哥（在今巴勒斯坦）和半坡遗址（在今中国）等大规模的人类早期定居点。

二、青铜制造

地球上已知存在的金属中，为什么铜会被人类最先使用呢？这是因为它比较常见，而且熔点较低。最初，西亚的居民偶然发现用于制作装饰品的孔雀石被烧化后会留下一些坚硬的闪闪发光的金属块——红铜。后来，西亚的居民在冶炼中又发现了熔点较低、便于加工而且硬度还不错的合金——青铜。

住在恰塔尔休于的人怎么回家

他们的“门”开在屋顶上。因为没有道路，人们来往于屋顶之间，通过梯子进入房间。

三、发明文字

出于记录生活和保存智慧的需要，不同地区的人们发明了属于自己的文字。

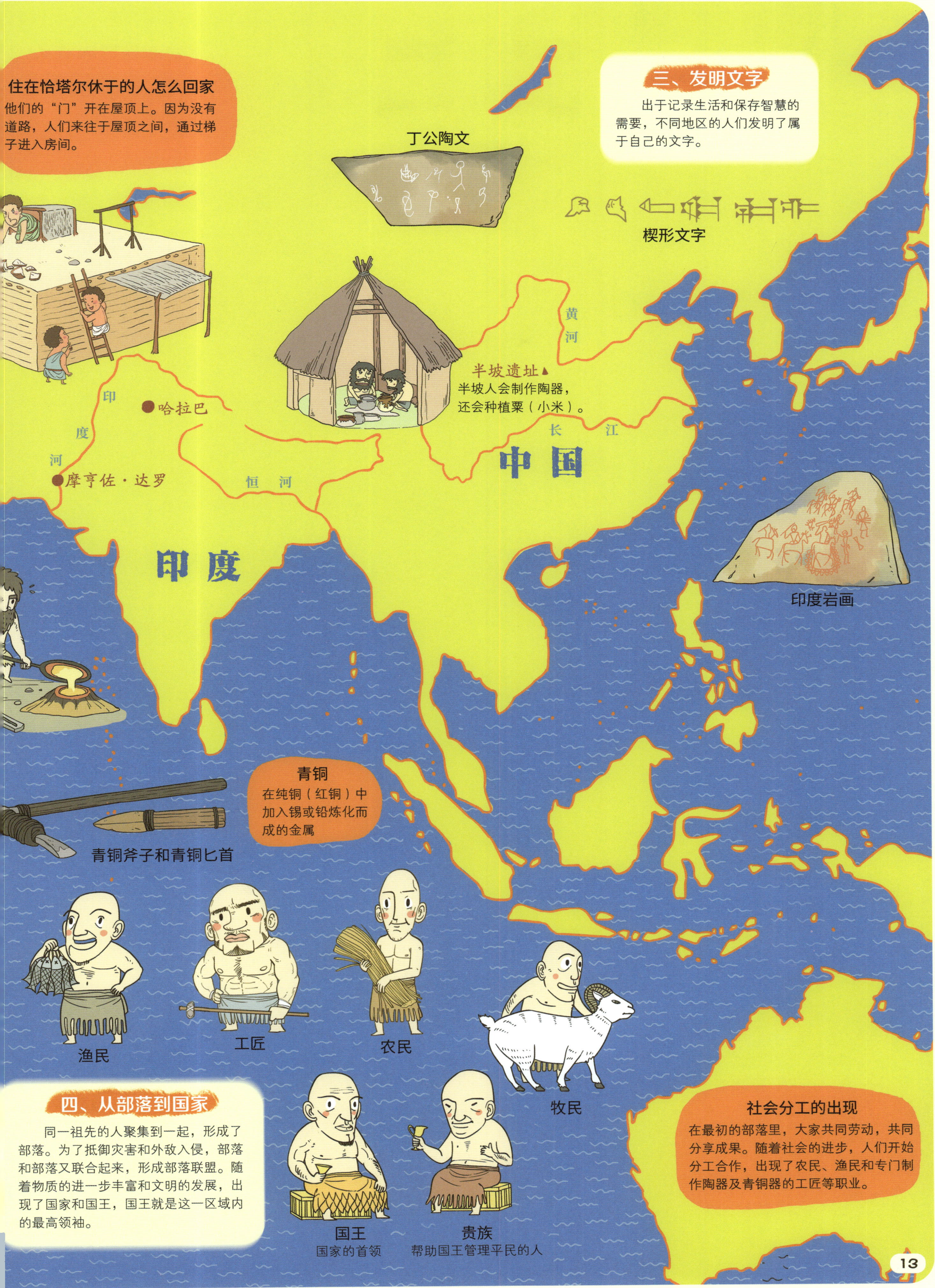

丁公陶文

楔形文字

黄河

半坡遗址

半坡人会制作陶器，还会种植粟（小米）。

哈拉巴

印度河

摩亨佐·达罗

恒河

长江

中国

印度

印度岩画

青铜

在纯铜（红铜）中加入锡或铅炼化而成的金属

青铜斧子和青铜匕首

渔民

工匠

农民

牧民

四、从部落到国家

同一祖先的人聚集到一起，形成了部落。为了抵御灾害和外敌入侵，部落和部落又联合起来，形成部落联盟。随着物质的进一步丰富和文明的发展，出现了国家和国王，国王就是这一区域内的最高领袖。

国王

国家的首领

贵族

帮助国王管理平民的人

社会分工的出现

在最初的部落里，大家共同劳动，共同分享成果。随着社会的进步，人们开始分工合作，出现了农民、渔民和专门制作陶器及青铜器的工匠等职业。

非洲

古埃及文明

古埃及文明位于今非洲北部的沙漠地区、尼罗河的中下游。约1万年前，尼罗河流域有了人类定居，后来形成许多部落。这些部落分布在下埃及和上埃及。后来，上埃及地区的一个国王美尼斯统一了整个埃及，建立了第一个王朝。古埃及人创造了辉煌的文明，他们发明象形文字，修建巨大的金字塔、神庙，还制作了大量的木乃伊。

古埃及人发明了世界上最早的化妆术，以及假发、眼线、腮红、口红、指甲油、护肤油等化妆品。
眼线膏管
正在化妆的古埃及人
上
埃
及
（尼罗河河谷的其他区域）
（今埃及卢克索市）
底比斯
木乃伊
古埃及人认为，人死后灵魂会回到肉体再次复活，所以他们小心翼翼地保存好遗体，并把遗体制成木乃伊。
木乃伊的制作过程
首先把逝者的内脏掏空，然后进行防腐处理，填上香料，最后用亚麻布把尸体一层层包裹好。当然，很多穷人做不起木乃伊，只能把尸体埋到沙子里。
美尼斯
他是古埃及第一王朝的开国国王，约在公元前3100年完成了上埃及和下埃及的政治统一。
棕榈树
红
海
方帆船
世界上最早的帆船
木乃伊棺
装有木乃伊的木棺上画有死者的容貌，以方便灵魂找到自己的肉身。
秃鹫、眼镜蛇
守护神的象征
胡子
天青石做的假胡子是当时社会地位的象征
纳布斯
蓝白交织或红白交织的头巾
木乃伊面具
图坦卡蒙法老的黄金面具
纸莎草
莎草纸
用纸莎草的茎秆制成的莎草纸，用于记录和绘画。
书吏
他们是拥有古埃及文字书写能力的人，负责记录和撰写文件。
古埃及士兵
纳尔迈石板
这块石板记录了古埃及统一的过程
象形文字
克赫帕什镰形刀
战斧

非洲

古埃及文明简史

1 尼罗河孕育的文明

尼罗河长6671千米，是世界上最长的河流。长期生活在这里的古埃及人慢慢掌握了尼罗河泛滥的规律，利用河流两岸的肥沃土地种植庄稼。

3 修建金字塔

早期的古埃及国王宣称自己是太阳神的儿子，希望死后回到父亲身边，于是为自己修建巨大的坟墓。古埃及第三王朝法老左塞尔的陵墓呈阶梯金字塔状，是古埃及的第一座金字塔。

2 美尼斯统一埃及

起初，古埃及人生活在上埃及和下埃及两个地区，分属不同的国王管辖。后来，上埃及的一个国王美尼斯统一了上埃及和下埃及，为古埃及成为强大统一的中央集权王国做好了准备。

4 社会大动乱

气候变化导致收成骤减，古埃及出现了饥荒。可是贵族们依旧过着骄奢淫逸的生活，大修金字塔。于是，大规模起义多次爆发，加上外敌入侵，古埃及陷入混乱。

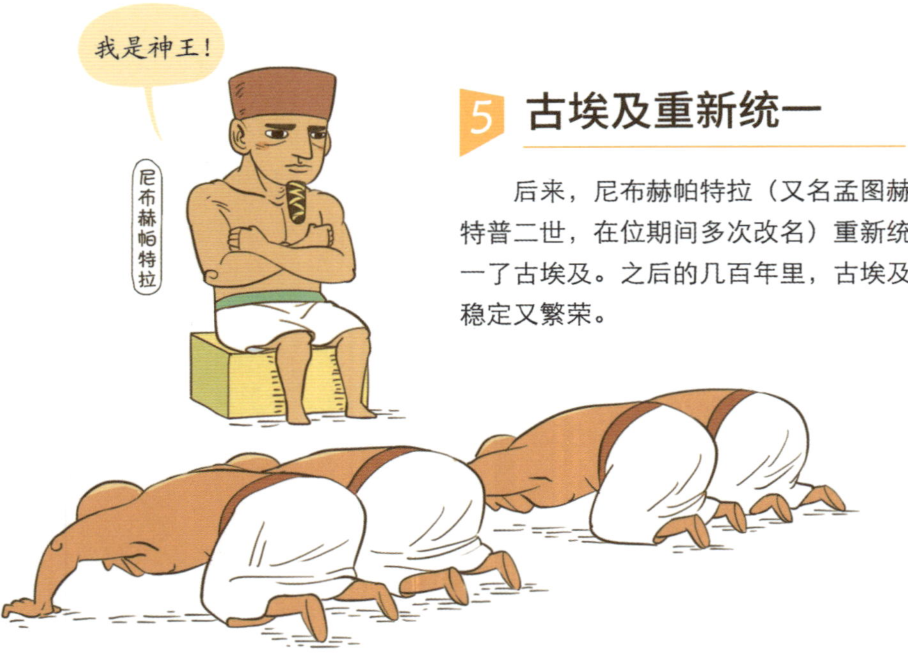

5 古埃及重新统一

后来，尼布赫帕特拉（又名孟图赫特普二世，在位期间多次改名）重新统一了古埃及。之后的几百年里，古埃及稳定又繁荣。

6 贫民奴隶大起义

国力衰败后，贵族们并没有吸取教训，一如既往地压迫百姓。忍无可忍的百姓揭竿而起，组成起义军，杀死了许多贵族和官员。但是，起义军最终被镇压。

美尼斯统一古埃及	修建第一座金字塔	社会大动乱	**中国夏朝建立**	古埃及重新统一	喜克索斯人入侵
约公元前3100年	约公元前2700年	约公元前2181年	约公元前2070年	约公元前2035年	约公元前1700年

7 喜克索斯人入侵

内乱频发是外敌入侵成功的重要原因。西亚的喜克索斯人趁机从古埃及东面入侵，顺利占领了古埃及的大部分地区。

8 古埃及复国

约150年后，喜克索斯人被赶出古埃及。之后古埃及出现了一位文治武功最强的法老——图特摩斯三世。他把古埃及的版图扩展到极致，跨越亚洲和非洲。周边国家纷纷向他称臣。

9 卡迭石之战

进入十九王朝的古埃及开始衰落。法老拉西美斯二世想恢复图特摩斯三世在位时的国家版图，便与赫梯王国在卡迭石展开了一场大战。结果双方都损失惨重，签订合约。

10 异族入侵

拉西美斯二世死后，古埃及再也没有出现能征善战的法老，再加上国力衰落，受到周边异族的不断侵扰。到了公元前11世纪初，古埃及已经四分五裂了。

11 波斯人入侵

公元前525年，波斯人入侵。他们或者把猫捆在盾牌上，或者用猫的形象装饰武器。古埃及士兵视猫为神灵，纷纷投降。就这样，波斯人成功将古埃及纳入自己帝国的版图。

12 归入亚历山大帝国版图

波斯帝国被亚历山大帝国推翻后，古埃及又被纳入亚历山大帝国的版图。亚历山大大帝病逝后，他的部将托勒密占据古埃及，建立托勒密王国。

克娄巴特拉七世

13 托勒密王国灭亡

克娄巴特拉七世（埃及艳后）是最后一任法老。她为了维持古埃及独立，先后嫁给了古罗马的恺撒和安东尼，但是，这并没有阻挡住托勒密王国被古罗马灭亡的脚步。

喜克索斯人被赶出古埃及	签订《卡迭石条约》	古埃及四分五裂	波斯人入侵	归入亚历山大帝国版图	托勒密王国灭亡
约公元前1550年	约公元前1284年	公元前11世纪初	公元前525年	公元前332年	公元前30年

亚洲 美索不达米亚文明

美索不达米亚（两河流域）是人类早期文明的发祥地之一，定居于此的人们建造了古老的城市、神庙和图书馆，发明了古老的文字——楔形文字，还拥有制造车轮、青铜器、铁器和船只的技术，创造了灿烂的美索不达米亚文明。直到公元前539年，波斯占领巴比伦，美索不达米亚文明才结束。

赫梯

赫梯是全世界最先掌握炼铁技术的民族，当时的铁比金子还要贵重。

镶有黄金的青铜头盔

青金石蝙蝠

用阿富汗进口的青金石制作的工艺品

最早的苏美尔人居住地区

阿卡德王国（公元前2371～前2230年）

乌尔第三王朝（约公元前2100～前2006年）

汉谟拉比时期的巴比伦（公元前1792～前1750年）

亚述帝国（约公元前671年）

尼布甲尼撒时期的新巴比伦（公元前605～前562年）

萨尔贡一世

阿卡德王国的国王

金银杯

读书使人清醒，但我这里的书有点沉。

亚述巴尼拔图书馆

亚述国王巴尼拔建立的世界上第一座图书馆，馆内收藏了约3万件泥板著作。

地 中 海

攻城槌 亚述人发明的强大武器之一

亚述士兵

装备铁制武器的主力士兵

孟菲斯

埃及

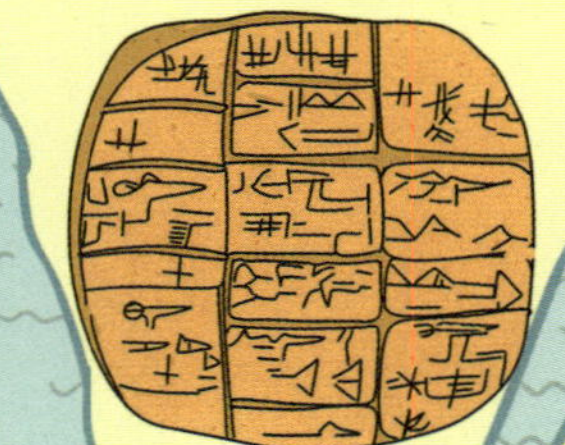

楔形文字

苏美尔人发明的文字

泥砖建筑

两河流域缺乏木材和石材，苏美尔人用泥砖和芦苇来建造房屋。

亚述皇后的手镯

红

拉玛苏

这是亚述神话中的一种神兽，它长着人头牛角、狮子的身体、雄鹰的翅膀，是庙宇和宫殿的守护神。

芦苇船

苏美尔人用芦苇做成芦苇船，用沥青堵住船的缝隙后能够装载20吨的金属。

芦苇笔

底比斯

海

赫梯战车
赫梯人善于制造战车，他们改进了战车的结构，使战车更轻便、更机动。
铁
铁比铜的熔点高（铜的熔点为1083.4℃，铁的熔点是1538℃），所以炼铁对冶金技术的要求更高。铁比铜更坚硬，更有韧性。
里
海
古巴比伦人绘制的星象图
古巴比伦士兵
尼尼微
美索不达米亚
亚述
(今伊拉克北部)
底格里斯河
幼发拉底河
阿卡德
巴比伦
乌尔
埃利都
历史上苏美尔人建立的早期城市之一
尼布甲尼撒二世
他对巴比伦城进行了大规模建设，使巴比伦城成为当时世界上最繁华的都市。
《汉谟拉比法典》
这部法典被镌刻在一根高2.25米的黑色玄武岩石柱上。石柱上端镌刻着国王在太阳神与正义之神沙玛什面前接受王权象征的浮雕，下端用楔形文字刻写了282条法律条文。
圆柱形印章
苏美尔人用它将画印在泥板上
学校
苏美尔人建立了世界上最早的学校，培养出来的学生将成为王室神庙里的官员。
苏美尔人
阿拉伯
塔庙（神殿）
这种类似梯形金字塔的建筑被称为“吉库拉塔”，通常建在城市的中央。
波斯湾
汉谟拉比
苏美尔人雕像
车轮
这是苏美尔人的早期发明之一，用来运送沉重的货物。
苏美尔盾斧手

亚洲 美索不达米亚文明简史

约公元前3100年	苏美人发明文字
公元前2371年	阿卡德王国建立
约公元前2070年	**中国夏朝建立**
约公元前1894年	古巴比伦王国建立
约公元前1595年	赫梯人攻占巴比伦城
公元前1000年	新亚述帝国建立
公元前671年	亚述人占领古埃及
约公元前626年	新巴比伦王国建立
公元前612年	亚述灭亡
公元前586年	尼布甲尼撒二世烧毁耶路撒冷圣殿
公元前539年	波斯王国占领巴比伦

1 古老的文明

作为人类古文明发祥地之一，两河流域很早就出现了制陶术、纺织等手工业和商业活动。约公元前3100年，苏美尔人发明文字，并建立起众多城邦。

2 阿卡德王国建立

城邦多，矛盾自然也多，两河流域争斗频发。后来，阿卡德人萨尔贡一世建立阿卡德王国，指挥组建了世界上第一支常备军（由5400名精锐士兵组成），在很短的时间里，基本统一了两河流域。

3 古巴比伦王国建立

阿卡德王国崩溃后，苏美尔人又建立乌尔第三王朝，王朝灭亡后，小国分立。直到入侵两河流域的阿摩利人建立古巴比伦王国。之后，古巴比伦王国出现了一位了不起的国王——汉谟拉比。他对外东征西讨，统一了两河流域。

4 赫梯入侵

汉谟拉比死后，古巴比伦王国迅速解体。能征善战、掌握先进炼铁技术的赫梯人趁机洗劫巴比伦城，古巴比伦王国灭亡。

5 新亚述时期开始

好战的亚述人继赫梯人之后，开始使用铁器。亚述帝国进行军事改革，采用骑兵、战车兵、步兵协同作战的方式，增强军事实力，不断对外扩张。

6 亚述人占领古埃及

公元前671年，野心勃勃的亚述人用铁制兵器、攻城塔等多种先进的攻城器械，攻陷古埃及首都，建立了横跨亚洲和非洲的大帝国。

7 血腥的狮穴

亚述大军所到之处，城镇尽毁，俘虏被绑回首都尼尼微，受尽虐待和折磨。因此，人们把尼尼微称为“血腥的狮穴”。

8 新巴比伦王国建立

亚述地方官那波勃来萨趁亚述帝国中央衰落之机，占领巴比伦，建立新巴比伦王国，并与东边的米底王国（古波斯的前身）联合，于公元前612年占领亚述首都尼尼微。

9 巴比伦之囚

那波勃来萨死后，尼布甲尼撒二世继位。他称霸两河流域后，又继续攻占耶路撒冷，将犹太王国的国王和近万名犹太臣民掳往巴比伦城，史称“巴比伦之囚”。

10 所罗门的宝藏

传说，犹太国王所罗门在耶路撒冷的圣殿之下，埋藏了许多财宝。尼布甲尼撒二世听说后，便下令搜查圣殿的隧道和密室，结果一无所获。尼布甲尼撒二世一怒之下烧毁了圣殿。

据说，空中花园坐落在高高的平台上，四周有20多米高的柱子做支撑，奴隶不停地推动连着压水机的把手为花园灌溉。园中种植着各种奇花异草，远远看去犹如悬在半空中的仙境。

11 空中花园

为取悦来自米底王国的王妃，尼布甲尼撒二世为她修建了一座宫殿，上面再现了米底山区的景色，这也就是有名的“空中花园”。

亚洲·

古印度文明

古印度是世界三大宗教之一——佛教的诞生地。最初，达罗毗荼人在印度河流域建造了当时世界上最大的城市——哈拉巴城。之后，雅利安人迁徙到古印度，丰富了古印度文明。再后来的孔雀帝国更是把古印度文明推向鼎盛。

乔达摩·悉达多

约2500年前，恒河流域有一系列小国竞相争霸，此时期被称为“列国时代”。乔达摩·悉达多是其中一个王国的王子，后来他创立了佛教，被称为释迦牟尼。

卫城
统治者居住的区域
下城
居民区
哈拉巴城
哈拉巴城中的大浴池
印章文字
达罗毗荼人发明了文字并把它们刻在湿泥板上
婆罗门教三大主神
毗湿奴
维护之神
湿婆
毁灭之神
梵天
创造之神
梵文
恒
河
华氏城
(今印度巴特那市)
哈奴曼
这是约2500年前产生的著名史诗《罗摩衍那》中的文学形象，神通广大、机敏灵活，常表现为“神猴”的形象。
迦内什
长着象头人身的迦内什是智慧之神，也是毁灭之神湿婆的儿子。
耆那教
这是古印度宗教之一，该教信徒主张苦行，终生吃素，禁止杀生，出门用布遮住口鼻，防止吸入小虫造成杀生。
孔雀王朝时期的金币
弓箭手
长矛兵
骑兵
孟
加
拉
湾
南方丝绸之路——蜀身毒道
汉朝时，中国人称古印度地区为“身(yuān)毒”。早在张骞出使西域之前，四川已有一条通往今缅甸、印度并连接欧洲的通道，商人互通蜀布、竹杖等商品，被称为“蜀身毒道”。
战象
每头战象配有3或4名士兵，他们用矛或弓箭攻击敌人。
亚洲象
亚洲象是世界上最早被驯服的象类。四五千年前，古印度人开始驯象，主要用于农耕和军事。
阿育王
（约公元前304～前232年）
公元前273年，旃陀罗笈多的孙子——阿育王登基，他征伐杀戮，基本统一了整个古印度，大大拓展了国家的版图。后来，阿育王皈依佛教，使得印度佛教更加繁荣，成为印度历史上赫赫有名的国王。
锡兰岛

亚洲 古印度文明简史

1 哈拉巴文化

约5000年前，达罗毗荼人在印度河流域定居，后来还建造了摩亨佐·达罗和哈拉巴城。这两个城市是当时世界上规模较大的城市，建有市场、谷仓、花园和浴场等场所或设施，据推测，这两座城市的人口都在3万以上。

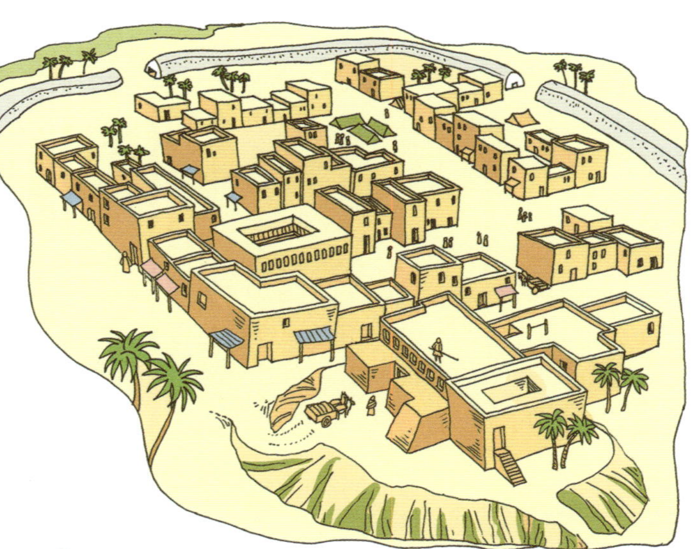

2 雅利安人迁入印度

不知道什么原因，哈拉巴文化突然消亡了，古印度进入黑暗时期，没有城市，也没有国家。后来雅利安人从西北部迁徙过来，他们在这里建立了许多小国家。

3 种姓制度

为了维护自己的统治地位，雅利安人以征服者的身份建立了种姓制度，把种姓分为四个等级。不同种姓之间不能通婚、共同吃饭，甚至不能使用同一口水井。种姓制度后来发展成繁杂的社会制度，至今仍深刻地影响着印度社会。

婆罗门（祭司和僧侣）

刹帝利（国王和武士）

吠舍（农牧民、手工业者和商人）

首陀罗（仆役、奴隶）

4 列国时代

公元前6世纪～前4世纪，古印度地区的众多小国相互争霸，史称“列国时代”。

5 苦修悟道

古印度北部迦毗罗卫国（今尼泊尔境内）的王子乔达摩·悉达多本来享受着王族的豪华生活，但他看到许多人过得十分悲惨，内心非常沉痛。

后来，29岁的乔达摩·悉达多出家苦修，忍饥挨饿，以乞讨为生，坚持了6年，饿到只剩皮包骨，依然无法悟道，没有寻找到想要的答案。

约公元前3000年	约公元前1500年	公元前1046年	公元前6世纪
哈拉巴文化开始	雅利安人迁入印度	中国周朝建立	列国时代 佛教创立

6 佛教创立

有一天，乔达摩·悉达多突然发觉苦修并不能悟道，于是他静坐沉思，冥想了七天七夜后，在菩提树下顿悟，创立了佛教。此后，乔达摩·悉达多修行传道，使佛教迅速传播开来。

7 孔雀帝国建立

公元前324年，出身底层的月护王率领军队赶走了外敌，又在与邻国的征战中获胜，最后建立了孔雀帝国。

8 古印度统一

月护王的孙子阿育王登上王位后，征战四方，使孔雀帝国成为古代南亚统治区域最广的一个帝国。

9 阿育王皈依佛教

可能是看多了战争中无数人民的惨状，阿育王深感不安，便停止杀戮、积德行善，最后皈依了佛教，其管辖境内出现了和平与繁荣的景象。一时间，佛教远播亚洲、欧洲和非洲。

10 孔雀帝国覆灭

阿育王死后，他的儿子们争相独立，孔雀帝国又分裂成许多国家。公元前187年，最后一位国王被杀，帝国彻底分崩离析。

11 巽(xùn)伽灭佛

公元前2世纪，巽伽王朝统治孔雀王朝的一些区域。因信奉婆罗门教，巽伽王朝极力打击佛教，强迫僧人还俗，许多佛教寺院被毁。

孔雀帝国建立	古印度统一	阿育王皈依佛教	**中国秦朝建立**	孔雀王朝覆灭	巽伽灭佛
公元前324年	约公元前261年	约公元前260年	公元前221年	公元前187年	公元前2世纪

亚洲 中国商朝

成汤灭夏后，建立了中国第二个王朝。成汤用部落的名称——“商”作为国号。商朝早期因为水灾和政治纷争屡次迁都，直到盘庚迁都到殷后才稳定下来，所以商朝又称“殷商”。商文化的代表有甲骨文和青铜器，甲骨文是目前发现的年代最早、成系统的汉字，青铜器也体现了商代人民高超的工艺水平。

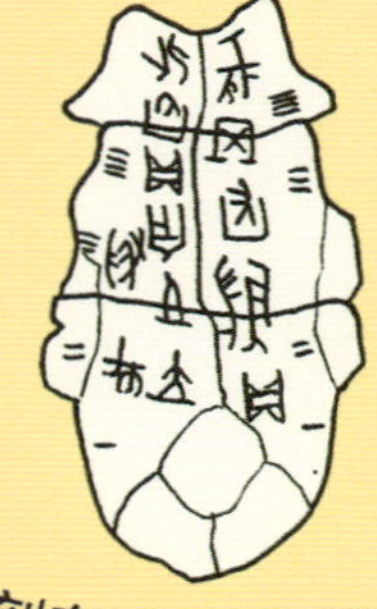

刻有文字的甲骨

商朝人非常迷信，凡事都要问鬼神，然后将占卜结果刻在甲骨上。

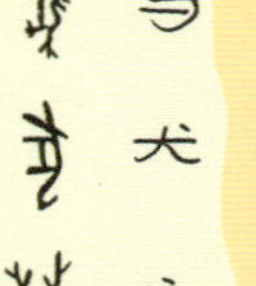

甲骨文

这是最早成体系的汉字，因刻在龟甲和牛骨上得名。

畜牧业

商朝时饲养的动物有马、牛、羊、猪、狗等，除了食用，还可用来祭祀。

商汤

商朝的开国国君

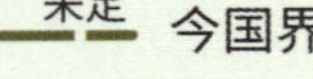

今国界

商朝武士

钺 戈 矛 羊首剑 盔

各种青铜武器

钟鼎文

铸在青铜器上的文字

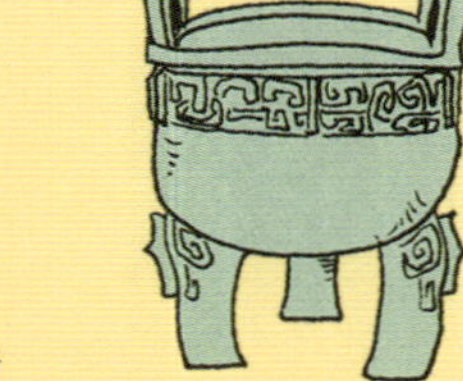

戍嗣子鼎

这是商王赏赐给戍嗣子的礼物，是商朝后期的青铜鼎。

后母戊鼎

这是商王祖甲为祭祀母亲戊所造，其铸造技术相当复杂，重832.84千克，是目前世界上出土的最重的青铜器。

商代文字中的武器

戈 矢（箭） 盾 弓

商朝士兵

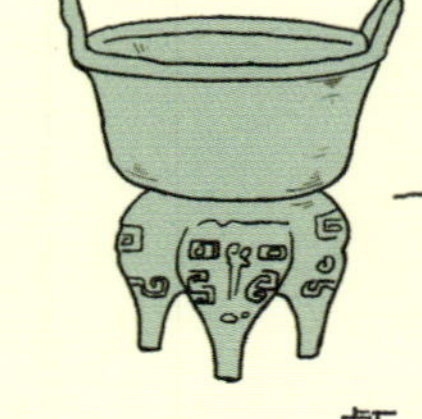

甗（yǎn）

这是商朝晚期青铜器，上层是蒸锅，可以放食物，中间有孔洞，下层煮水。

箸

据记载，商朝已经有了筷子。

原始瓷器

商朝出现了原始瓷器，比陶器更加坚固耐用。

平民 奴隶主 奴隶

商朝服饰已经是身份等级的标志

商人

随着农业和手工业的发展，商朝出现了商业，并开始使用货币。

贝币

贝壳在古代十分珍贵，是目前已知的中国最早的货币。

中草药

商朝遗址中发现了中草药，传说伊尹发明了陶器煎药的技术。

牛车

商朝王宫

朋

五个贝币穿成一串，两串称为“朋”。

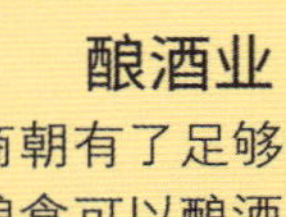

酿酒业

商朝有了足够多的粮食可以酿酒，饮酒之风盛行。

四羊方尊
这是中国现存的商朝青铜器中最大的方尊，属于商朝晚期礼器。
商纣王
他是商朝最后一个君王，生性残暴。
妲己
纣王的宠妃
妇好鸮尊
尊是盛酒器。鸮是猫头鹰，是商人喜爱的神鸟，也是战神的象征。
玉凤
玉阴阳人
伊尹
他是汤的丞相，也是一位名厨。
占卜的商朝人
肃慎
鬼方
放牧的鬼方人
妇好
她是商朝第二十三位王——武丁的妻子，也是一位女将军。
皮铠甲
渤海
土方
黄
河
羌
犬戎
殷
(今河南省安阳市)
朝歌
牧野
亳
(今河南省商丘市)
黄海
周
(今陕西省宝鸡市)
淮夷
商
氐
三星堆青铜像
古蜀国的精美青铜器
楚
(今湖北省和湖南省北部一带)
蜀
(今四川省成都市一带)
江
巴
濮
(今四川省东部和重庆市一带)
东海
盘庚
他是商朝第二十位王，迁都于殷，是一位有作为的君主。
长
驯象
商朝的时候，中原地区曾有大象生活。
南海
白陶
商朝的陶器更加精致
南海
南 海

亚洲

中国商朝简史

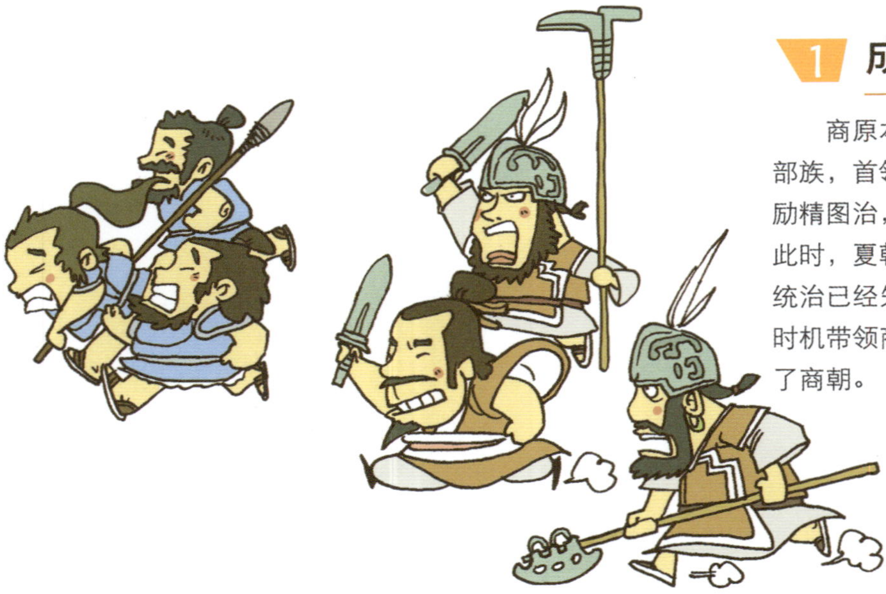

1 成汤建商

商原本是夏朝统治下的一个部族，首领成汤在伊尹的辅佐下励精图治，使商渐渐强大起来。此时，夏朝的君主夏桀因其残暴统治已经失去了民心，成汤看准时机带领商军击溃了夏军，建立了商朝。

2 伊尹摄政

成汤去世后，开国元老伊尹辅佐成汤年幼的孙子太甲即位。可是太甲不认真处理国家政务，被伊尹放逐到成汤的墓地反省。直到太甲改过自新，伊尹才把他接回来，交还大权，用心辅佐他。

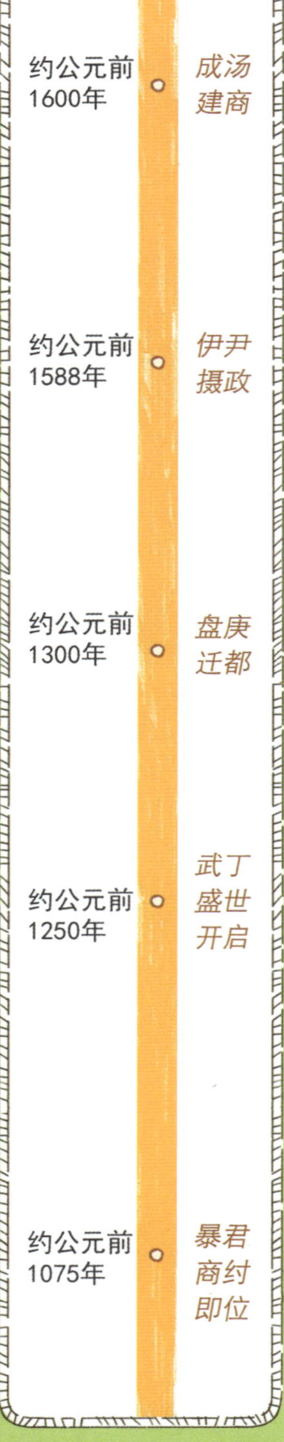

王陵区

铸铜作坊

民居

民居

民居

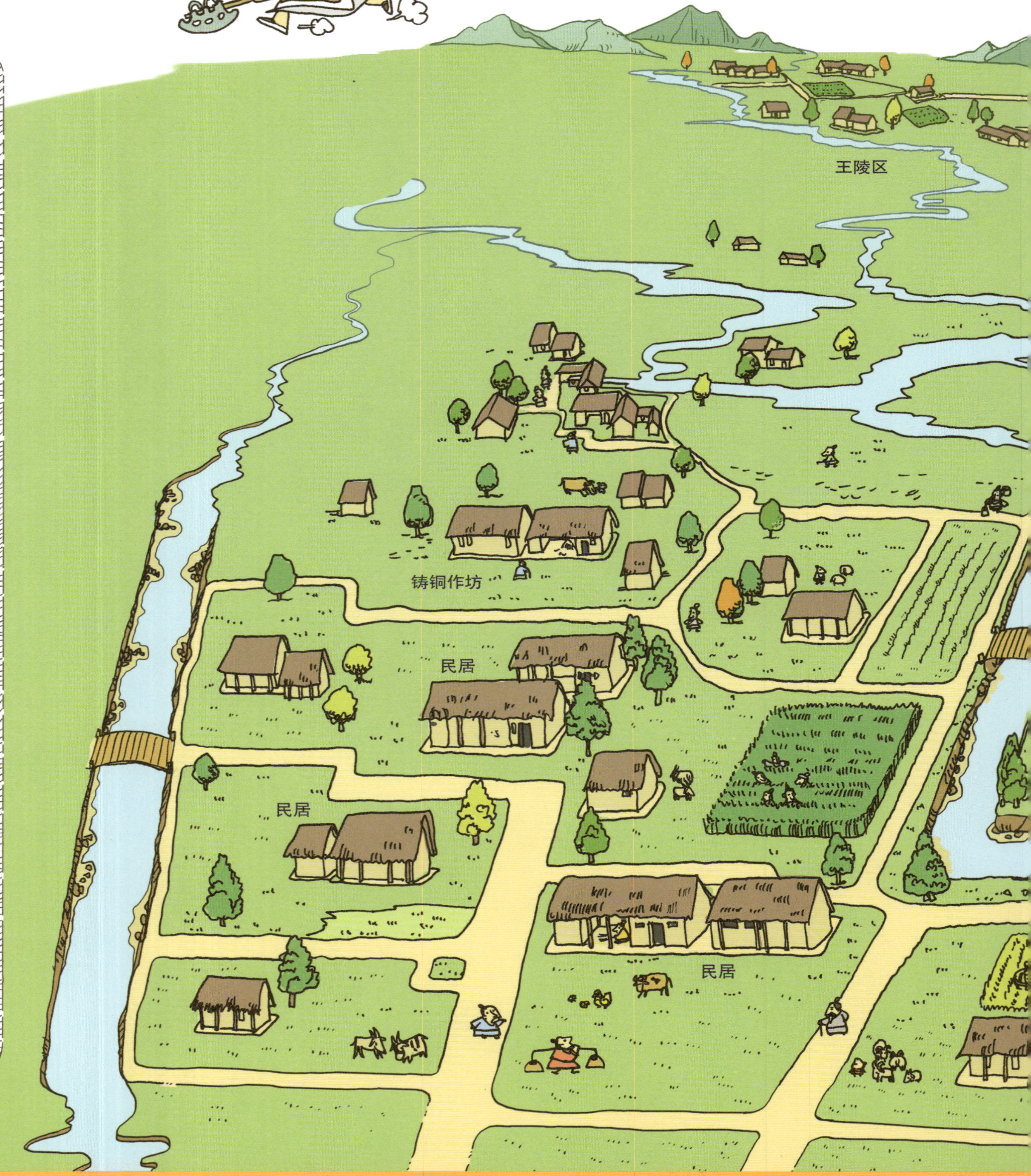

3 盘庚迁都

商朝早期，关于王位的纷争不断，国力一度衰弱。另外，黄河一带经常发生水灾，商朝都城时常被淹毁。因此，商朝多次迁都，直到第二十位君王盘庚迁都到殷，又经过他的一番整顿，国家才逐渐稳定下来。

5 暴君商纣

武丁以后的君王没能延续盛世，尤其是最后一位君王商纣王。他和夏桀一样，是个残暴的君王，只顾自己享乐，不管百姓死活，最终导致商朝灭亡。

4 武丁盛世

武丁是商朝第二十三位君主，他即位后，兢兢业业，振兴大业，打败了周围许多小国，开创了商朝中期的盛世。

欧洲
古希腊文明
地中海周边兴起过许多文明，其中一个是西方文明的源头——古希腊文明。古希腊文明充满美丽的神话，而对美的事物的热爱是古希腊神话的灵魂。爱自由、爱民主、好思考、好辩论是古希腊人的特点。之后，马其顿帝国的亚历山大大帝把这些特色与文化带到了更远的地方。
《阿喀琉斯与埃阿斯玩骰子》陶瓶画
希腊工匠制造了精美的陶罐，上面装饰有几何花纹、神话或英雄故事的图案。
色雷斯
马其顿
奥林塔斯
桂冠
把月桂树的枝条做成环戴到胜利者的头上
古希腊城邦
（公元前8～前6世纪）
奥林匹斯山
轻装步兵
一般由经济条件较差的农夫担任，所以装备较重装步兵差。
爱
古代奥林匹克运动会
公元前776年，第一届古
奥林匹克运动会在奥林匹
举行。至公元394年止，
举行了293届古代奥运会。
爱
奥
尼
亚
海
古希腊服饰
重装步兵
菲迪皮茨
有“飞毛腿”之称的马拉松第一人
卡尔基斯
底比斯
木马计
特洛伊战争
据《荷马史诗》记载，为了争夺世界上最美丽的女人海伦，希腊联军攻打特洛伊城。战争持续了十年，最后希腊联军用“木马计”攻占特洛伊城，夺走了海伦。
古希腊祭祀宙斯的宗教中心，也是举行奥林匹克运动会的地方。
梅加腊
雅典
马拉松长跑
人们为纪念菲迪
茨而举行的比赛项目
科林斯
迈锡尼
奥林匹亚
阿尔戈斯
海伦
传说海伦是宙斯和斯巴达王后的女儿，后来海伦与特洛伊王子私奔。
伯罗奔尼撒半岛
橄榄
古希腊盛产橄榄
斯巴达
阿伽门农黄金面具
这是发现于迈锡尼遗址墓穴中的黄金面具，但其实并不是阿伽门农本人的面具。
斯巴达人
斯巴达人崇尚武力，从小接受军事训练，以重装步兵闻名，战斗力强大。
古希腊哲学三杰
三桨座战船
速度极快且可配备150名桨手的战船
苏格拉底
他是古希腊著名思想家、哲学家、教育家，被后人广泛认为是西方哲学的奠基人。
柏拉图
他是苏格拉底的学生，也是影响西方哲学乃至整个西方文化的伟大的哲学家和思想家。
亚里士多德
他是柏拉图的学生，被誉为“百科全书式的科学家”。
克里特岛
克诺索
位于克里特岛的米诺斯王宫（局部）
考古发现，约公元前7000年，克里特岛上就有人居住。约公元前2000年，岛上建起了米诺斯王宫。
地
中
30

陶片放逐法
在每年一次的特别公民大会上，雅典公民可以通过投票方式强制将他们认为的民主威胁者被放逐外邦10年。人们在碎陶片上刻上自己认为民主威胁者的名字，作为选票，得票超过一定数量的人即为当年的被放逐者。
黑
海
多立克柱式
爱奥尼柱式
科林斯柱式
古希腊建筑的三种主要柱式
公民大会
这是古希腊城邦的主要权力机关，用来讨论、解决国家重大问题，如战争、粮食供应、选举高级官吏等。
马尔马拉海
埃皮达鲁斯剧场
这座剧场像一把巨大的折扇展现于山坡，可容纳约1.4万名观众，被誉为希腊古典后期建筑艺术的最大成就之一。
特洛伊
特尔斐竞技场
帕特农神庙
为雅典的守护神——雅典娜建造的神庙
古希腊城邦发行的货币
古希腊城邦货币最初由各城邦独立发行
《掷铁饼者》
古希腊著名雕刻家米隆的代表作
希腊诸神
普罗米修斯
他为人类盗取火种，并因此受到惩罚。
海神波塞冬
他是宙斯的哥哥，他的武器是一把三叉戟。
战争与智慧女神雅典娜
宙斯之女
诸神之王宙斯
太阳神阿波罗
宙斯之子
萨摩斯
以弗所
米利都
欧几里得
古希腊数学家、“几何学之父”
《荷马史诗》
荷马把人们传唱的短歌记录下来并编写整理，《荷马史诗》分为《伊利亚特》和《奥德赛》两部分。
荷马 双目失明的流浪诗人
海
一个支点，
能撬起整个
阿基米德
发现浮力和杠杆原理的科学家、数学家、“力学之父”
毕达哥拉斯
发现勾股定理的哲学家、数学家
亚历山大大帝
(公元前356～前323年)
他是马其顿帝国国王，著名的军事家，征服了古希腊、古埃及，消灭了波斯，建立了亚历山大帝国。
阿利斯塔克
发现了地球绕太阳公转并绕地轴自转原理的天文学家
希波克拉底
他是西方医学奠基人，被誉为“解剖学之父”，留下了500字的医学誓言。

欧洲

古希腊文明简史

1 昔克拉底文明和米诺斯文明

约公元前3300年，爱琴海上的昔克拉底群岛出现了早期文明。约公元前2000年，昔克拉底文明衰落，而克里特岛上的米诺斯文明凸显。

2 灿烂的迈锡尼文明

约公元前1600年，希腊兴起了一些像迈锡尼一样文化特征的小王国。后来考古学家把这一文化统称为迈锡尼文明。迈锡尼文明的各个城市中都有大石块垒砌的巨大城堡，有的石块重达12吨。

3 荷马时代

后来，由于遭到新的海上民族的入侵，古希腊进入黑暗时期。这段历史没有文字史料，我们只能在《荷马史诗》中找到些许片段。

4 城邦政治兴起

公元前8世纪，古希腊大规模使用铁器，农业、手工业和海上贸易迅速发展，于是出现了许多像小城市一样的城邦。其中，规模最大的是斯巴达和雅典。

5 梭伦改革

为了缓解贵族与平民之间的矛盾，雅典执政官梭伦进行了一系列改革，废除平民的债务，还帮助他们就业，改善了平民的经济状况和社会地位。由此，雅典的民主和商品经济也得到了保障。

6 希波战争

波斯帝国为了扩张版图，入侵希腊而进行了一系列战争。

马拉松战役

雅典军队在马拉松打败了波斯军队的第一次入侵，派士兵菲迪皮茨回雅典报捷。他一口气跑了42.195千米，在报告喜讯后就力竭身亡了。

温泉关之战

波斯不肯善罢甘休，组织了几十万人的大军入侵希腊。希腊的斯巴达国王率领298名斯巴达精锐战士同部分希腊城邦联军在温泉关阻挡波斯大军，虽然最后士兵全部阵亡，但为希腊其他城邦争取了集结联军的时间。公元前449年，雅典与波斯握手言和，战争结束。

早期昔克拉底文明出现	米诺斯文明开始	迈锡尼文明兴起	荷马时代开始	城邦政治兴起	梭伦改革	希波战争爆发
约公元前3300年	约公元前2000年	约公元前1600年	约公元前11世纪	公元前8世纪	公元前594年	公元前492年

7 伯罗奔尼撒战争

希波战争后，雅典成为古希腊的霸主，这引发了斯巴达的不满。为争夺霸权，以雅典为首的提洛同盟和以斯巴达为首的伯罗奔尼撒同盟从公元前431年起打打停停。直到公元前404年，斯巴达攻下雅典城，成为古希腊的霸主。但斯巴达的霸权也未能长久，古希腊各城邦陷入长期的混战之中。

8 马其顿征服希腊

马其顿本是希腊东北部的小城邦，在国王腓力二世的治理下强大起来，基本征服了古希腊各城邦。

9 亚历山大帝国

腓力二世被刺客刺杀，他年仅20岁的儿子——亚历山大成为马其顿国王。他带领大军东征，先后征服了波斯、古埃及、古印度北部等地，建立了一个庞大的帝国。

10 继业者战争

公元前323年，33岁的亚历山大突然患病，匆匆离世。他的继业者及继业者的儿子们为争夺广大领土而发动了一连串战争，史称“继业者战争”。最后，亚历山大帝国分裂为3个较为稳定的王国：托勒密王国、塞琉古王国和安提柯王国。

11 希腊化时代

在亚历山大继业者的国家存续的数百年里，东方与西方文明进入了大融合时代。古希腊的雕塑、建筑、美术、文字、哲学思想等传播到欧洲、亚洲和非洲等地。

马拉松战役	温泉关之战	希波战争结束	伯罗奔尼撒战争爆发	**中国赵、魏、韩三家分晋**	马其顿征服希腊	亚历山大即位	希腊化时代开启
公元前490年	公元前480年	公元前449年	公元前431年	公元前376年	约公元前338年	约公元前336年	公元前323年

亚洲 · 古波斯文明

伊朗高原坐落在两河流域东部。约公元前2000年，米底人、波斯人和萨珊波斯人的共同祖先开始居住在这片高原上。约公元前550年，居鲁士二世建立波斯王国后不断扩张，经过几代帝王的努力，波斯成为地跨亚洲、欧洲、非洲三洲的大帝国。公元7世纪，萨珊波斯王朝被崛起的阿拉伯帝国打败，几经沉浮的波斯帝国终于灭亡。

菠菜
这是原产于波斯的蔬菜，
传入中国后被称为菠菜。
阿石
这是由肉汤、米面、豆子做成的浓汤
粥，后来传到印度变成了咖喱。
切糕
这是用干果
和糖制成的
切糕，后来
传入中国。
迪兹
把鹰嘴豆、羊肉炖熟后
泡饼吃，这道菜后传入
中国变为羊肉泡馍。
咸海
里
海
琐罗亚斯德
琐罗亚斯德教（萨珊王朝的国
教，又称“祆教”）的创始人
亚兹德火神庙
传说里面的圣火自公元
470年以来从未熄灭
圣火
波斯波利斯皇宫
大流士一世修建的用于接
受万国朝拜的宫殿
阿尔达希一世
萨珊王朝的开国君主
戈尔甘长城
为了抵御蛮族入侵，萨珊王朝
（在今伊朗东北部）修建了防
御工事，长200多千米，是世界
上第二长的长城，仅次于中国
的长城。
埃克巴塔纳
（今伊朗境内的哈马丹市）
摩尼
摩尼创立的摩尼
教，在中国称为
“明教”。
波斯服饰
法拉瓦哈
这是琐罗亚斯德教的
标志，曾一度是伊朗
国家的标志。
塔克西拉
苏撒
伊朗高原
波斯波利斯
阿契美尼德王朝的第二个都城
居鲁士圆筒
这是阿契美尼德王朝第一任国王
居鲁士颁布的关于军队和政策的
法令，用楔形文字刻在一个黏土
圆柱体上，上面写着“波斯是崇
尚自由的帝国，期望在世界各地
的波斯人民回到祖国怀抱”。
印度
印度河
阿契美尼德匕首
象征王权的匕首
力量指环
波斯国王的象征
我，居鲁士，
乃世界之王，
伟大的王。
波斯金币
波斯战象
波斯不产大象，从
印度进口战象。
居鲁士大帝
（公元前603～前529年）
居鲁士率领波斯军队打败
米底、吕底亚、新巴比伦
王国，建立了从印度到地
中海的特大帝国。居鲁士
大帝又称居鲁士二世，现
代伊朗人将居鲁士尊称为
“伊朗国父”。
鹰旗
象征波斯军队
居鲁士大帝陵墓

亚洲

古波斯文明简史

1 米底王国

伊朗高原上有两个族群——米底人和波斯人。米底人征服了波斯人，并建立米底王国。

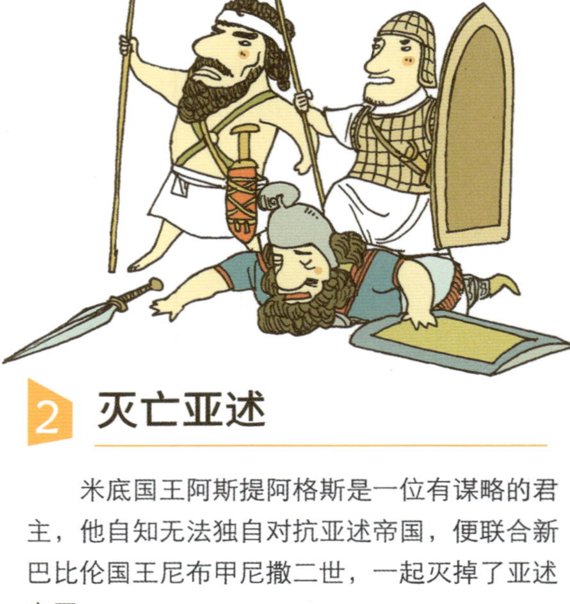

2 灭亡亚述

米底国王阿斯提阿格斯是一位有谋略的君主，他自知无法独自对抗亚述帝国，便联合新巴比伦国王尼布甲尼撒二世，一起灭掉了亚述帝国。

3 居鲁士二世诞生

正当阿斯提阿格斯享受着作为一个大国国王的无上权威时，他却做了一个恶梦：他的女儿将生出一个夺位灭国的亚洲霸主。于是，阿斯提阿格斯把他的女儿下嫁给了一位普通的波斯贵族。不久之后，他的女儿果真生出一个男婴，这就是居鲁士。阿斯提阿格斯命令部下将居鲁士处死，但部下不忍杀人，便将居鲁士托付给一对牧人夫妇抚养。

居鲁士

你果然夺走了我的王位！

阿斯提阿格斯

居鲁士

4 阿契美尼德王朝建立

居鲁士成年后举兵起义，第一个攻击目标便是外祖父阿斯提阿格斯。经过三年的战争，居鲁士攻下米底都城，建立阿契美尼德王朝，史称波斯王国。

5 解放巴比伦之囚

居鲁士又用武力征服了新巴比伦王国，释放了被尼布甲尼撒二世囚禁的犹太人，并允许他们重新建国。不仅如此，居鲁士还颁布法典，废除了奴隶制度，被世人尊称为“解放者”。

6 征服古埃及

冈比西斯二世（居鲁士的儿子）登基后，马上率领波斯大军杀向埃及。波斯用盾牌上的猫轻松征服了古埃及，成为世界上第一个横跨亚洲、非洲、欧洲三大洲的大帝国。

米底人和波斯人的祖先出现在伊朗高原	米底王国兴起	米底王国灭亡亚述	居鲁士二世诞生	阿契美尼德王朝建立	解放巴比伦之囚	居鲁士在远征途中去世	征服古埃及
约公元前2000年代末	约公元前7世纪初	公元前612年	约公元前590年	公元前558年	公元前539年	公元前529年	公元前525年

7 高加米拉决战

日渐强大的马其顿王国决心挑战波斯帝国的霸权，其国王亚历山大大帝开始远征。公元前331年，他们与波斯军队在高加米拉大战。波斯军队大败。公元前330年，波斯帝国的末代君主大流士三世在东逃中被杀，波斯帝国灭亡。

8 塞琉古王朝

亚历山大死后，他的部将塞琉古继承了波斯的领土，建立起疆域辽阔、人口众多的塞琉古王朝，但在波斯人、罗马人、埃及人的多重夹击下，塞琉古王朝版图不断缩小，最终灭亡。

9 安息帝国建立

公元前247年，波斯人阿萨息斯起义，夺回了伊朗高原，建立了波斯第二个帝国——安息帝国（史称“帕提亚王朝”）。安息帝国处于东西方中枢，通过贸易活动积累了大量财富。

10 萨珊王朝建立

后来，阿契美尼德王朝的后裔——阿尔达希造反。他推翻安息帝国，建立了萨珊王朝。

阿尔达希

11 波罗争霸

萨珊王朝与罗马帝国经常交战，总是胜多败少，萨波尔一世甚至一度俘虏了罗马皇帝瓦列里安，让他当上马的脚踏板。

12 萨珊王朝灭亡

不过，在与罗马的不断征战中，萨珊王朝消耗了大量的人力和财力。随后阿拉伯势力崛起，打败萨珊王朝军队，征服了波斯全境。

高加米拉决战	塞琉古王朝建立	安息帝国建立	萨珊王朝建立	萨珊王朝对罗马帝国构成威胁	萨珊王朝灭亡
公元前331年	公元前306年	公元前247年	公元226年	公元231年 公元233年	公元651年

欧洲·古罗马文明

地中海北部的亚平宁半岛犹如一只“高跟皮靴”，约3000年前，那里已有人居住，之后迁徙来的拉丁人和当地居民联合建立了许多部落。根据罗马传说，公元前753年罗马建城。之后，古罗马开启了疆域扩张的道路，打败迦太基，成为地中海霸主。“无冕之王”恺撒的出现，使古罗马开始向帝国时代过渡。

元老
主持祭祀的祭司
穿托架袍子的公民
贵族
祭司
妇女
日耳曼士兵
古罗马士兵的平均身高仅为160厘米，但日耳曼士兵平均身高达175厘米。
古罗马社会的各阶层
赛车
古罗马人和古希腊人都对赛车十分热衷，赛车是世界上历史最悠久的运动之一。
维斯塔贞女
侍奉圣火维斯塔女神的女祭司
奴隶
骑士
农民
黑
海
罗马数字
比阿拉伯数字更早诞生的计数符号
拜占庭
马其顿
拉丁文碑文
洗浴工具
古罗马人非常喜欢洗澡，洗浴装备也比较齐全。
小亚细亚
安条克
斯巴达
雅典
《米洛斯的维纳斯》
它被称为“断臂的维纳斯”，一直被视为世界上最美的象征，为古罗马雕塑的代表。
公共浴场
骨制发卡
地
中
海
骨梳
公共厕所
亚历山大里亚
尼
罗
河
阿拉伯
戏剧面具
红
海
圆形剧场
古罗马有很多公共庆典，人们喜欢在圆形剧场里举办戏剧、竞技、斗兽、赛马等活动。
下水道
古罗马下水道宽阔而宏大，在城市中纵横交错。
订婚戒指
结婚典礼

欧洲

古罗马文明简史

1 母狼传说

传说，一头母狼救走了一对被遗弃的兄弟，并用狼奶将他们喂养长大。这对兄弟长大成人后合作建起罗马城，后来罗马城徽的图案便是一头哺育着两个男孩的母狼。

2 王政时代

从古罗马出现在历史舞台到建立共和国这一历史阶段，即公元前753年至公元前509年，史称“王政时代”。最后一任国王小塔克文残暴专制，于是贵族和平民拿起武器反抗小塔克文，将他驱逐出境，并决定不再拥立新国王。

3 罗马共和国建立

没有国王的古罗马改由元老院、各级行政官员管理。元老院由贵族组成，掌握国家实权；有两名行使最高行政权力的执政官，每年由森都里亚大会（以财产和地域原则建立的公民大会）从贵族中选举产生。

4 拯救古罗马的鹅

公元前390年，高卢人攻打古罗马，但卡皮托里要塞久攻不下，他们便抄小道夜袭。结果被神庙中的鹅觉察，它们集体大叫惊醒了古罗马将士，士兵们一鼓作气打跑了高卢人，保住了罗马。

5 统一亚平宁半岛

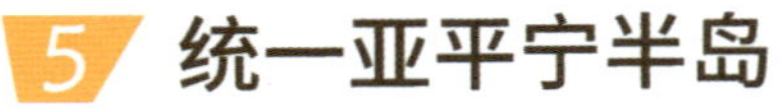

古罗马人相继同亚平宁半岛上各个不同城市和地区签订内容各异的“盟约”。这些城市和地区的人民享有程度不同的“权利”。罗马成功地扩展了自己的势力范围。

6 三次布匿战争

古罗马统一亚平宁半岛后，与以前的盟友迦太基发生了直接利益冲突。迦太基是当时西地中海的霸主，富有且强大。双方大战三回，古罗马最终取得了胜利，一统地中海世界。

7 四次马其顿战争

亚历山大大帝死后，马其顿帝国迅速衰落。古罗马发动四次战争，灭亡马其顿帝国，将它变成自己的一个行省。

古罗马建城 王政时代开始	罗马共和国 建立	拯救古罗马的鹅	统一亚平宁半岛	第一次布匿 战争开始	**中国秦朝 建立**	第一次马其 战争开始
公元前753年	公元前509年	公元前390年	公元前275年	公元前264年	公元前221年	公元前215年

谁先投降，谁先有公民权！

8 “同盟者”战争开始

古罗马人的意大利“同盟者”为了获得公民权，与古罗马进行了数年的战争。古罗马大军多次镇压“同盟者”军队，却屡屡失败。于是，古罗马人改变策略，宣布符合条件的投降者可以得到公民权，“同盟者”阵营逐渐瓦解。

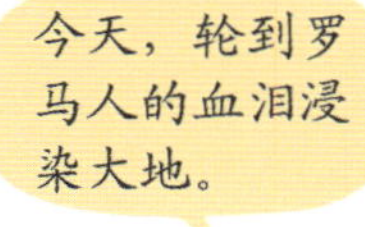

9 斯巴达克起义爆发

古罗马的奴隶不仅要承受繁重的劳动之苦，还要经常在斗兽场与野兽厮杀。奴隶领袖斯巴达克不忍现状，率众奴隶起义反抗。虽然起义失败了，但这改变了奴隶主使用奴隶的态度和方法。

10 “前三头同盟”建立

公元前60年，出任西班牙总督一年的恺撒返回古罗马，与当时古罗马的首富克拉苏、大将军庞培组成秘密同盟，以共同统治古罗马。第二年，恺撒当选执政官。

11 开始远征埃及

然而在恺撒出任高卢总督并征服了大部分高卢地区后，“三头”之间出现裂痕，恺撒与庞培代表的元老们兵戎相见。为了追击庞培，恺撒远征埃及，被埃及艳后的美貌所征服，为她在埃及逗留了3年，并生下了“小恺撒”。

我来到！
我看到！
我征服！

恺撒

12 终身独裁官

非洲战事结束后，恺撒返回罗马。之前，他曾被选为终身保民官并担任任期五年的执政官；此后，又被宣布为终身独裁官。

13 恺撒遇刺

独裁期间，恺撒采取了许多改革措施，这损害了一些人的利益。元老院中的共和派势力担忧权力被削弱，便联合谋杀了恺撒。

14 “后三头同盟”建立

恺撒死后，各派势力明争暗斗。不久他的养子兼财产继承人屋大维与他的原部下安东尼、雷必达组成“后三头同盟”。后来，屋大维也逐步铲除了盟友。

15 屋大维称帝

公元前31年，屋大维击败了克娄巴特拉和安东尼的联军，结束了内战。后来他被元老院封为“奥古斯都”（意为神圣伟大），建立元首政治，这是罗马帝国的开始。

“同盟者”战争开始	斯巴达克起义爆发	“前三头同盟”建立	高卢战争爆发	开始远征埃及	恺撒遇刺	“后三头同盟”建立	屋大维被封为“奥古斯都”
公元前91年	公元前73年	公元前60年	公元前58年	公元前49年	公元前44年	公元前43年	公元前27年

亚洲·中国西汉

商朝之后，中国经历了以礼乐治国的西周、战争频繁的东周和大一统的秦朝。然而，秦朝仅存在了14年。

刘邦打败项羽后，于公元前202年建国称帝。由于刘邦做过汉王，所以其国号为“汉”。后人为了将其与后来刘秀建立的“东汉”区别，称之为“西汉”。西汉对后世影响深远，今天的汉人、汉语、汉字等都与这个王朝有关。

鸣镝
这是射出去能发出响声的箭，相当于现在的信号弹。
汉武帝
他是西汉第五位皇帝，开创了西汉的鼎盛时期。
冒顿(mò dú)
他是打败东胡，使匈奴变得强大的单于。
戟
流行于汉代的长兵器
匈奴
鲜卑
牧羊的鲜卑人
肃慎
夫余
乌桓
卫青
西汉名将
霍去病
他是卫青的外甥，被封冠军侯，也是西汉名将。
得民心者得天下！
乐浪郡
(今朝鲜大同江南岸)
楼船
勃海
河水
漆器
长安
(今陕西省西安市)
刘邦
他建立西汉王朝，并定都长安。
东海
商船
西汉武士
汉
蜀郡
(今四川省成都市)
江水
西汉主要以骑兵作战为主
刘氏冠
刘邦创制的一种冠
进贤冠
这原为儒者朝见皇帝的一种礼帽，后广为流行。
益州郡
(今云南省昆明市晋宁区)
戟骑兵
南海郡
(今广东省广州市)
哀牢
丝绸
从西汉开始，中国的丝绸销往世界各地。
司马迁
司马迁为西汉史学家，创作了《史记》。
南海
西汉
南海
南海

亚洲 中国西汉简史

1 刘邦建汉

公元前209年，陈胜、吴广起义只持续半年就失败了，但各地的反秦力量在不断壮大。其中，刘邦与项羽的起义军实力最强。刘邦起兵于家乡沛县，最先攻入咸阳，灭亡了短命的秦朝。之后，经过四年的楚汉之争，能够用人之长的刘邦，在萧何、韩信、张良等人的辅佐下，打败了项羽，统一了天下，成为赫赫有名的汉高祖。

2 铲除异姓王

刘邦当了皇帝后，对那些和自己一起打天下的功臣越来越不放心，尤其是分封出去的几个异姓诸侯王。为了巩固江山，他以各种罪名将他们或贬或杀。

3 白登之围

刘邦称帝仅一年，北方的匈奴就越过长城，攻打汉朝的太原。刘邦亲自率领大军出征。结果，刘邦和他的先头部队被匈奴围困在平城东白登山上七天七夜，最后采用陈平之计，贿赂匈奴单于的阏氏（皇后），才得以逃生。

从此，刘邦认识到匈奴不可能一击而败，就对匈奴采取了“和亲”的政策，来维持边境稳定。和亲虽然缓和了汉朝与匈奴的关系，但双方的战争从未真正停止。

4 诸吕之乱

刘邦去世后，皇后吕雉掌了权，大力任用吕家的人，排挤刘家子弟，压制功臣。

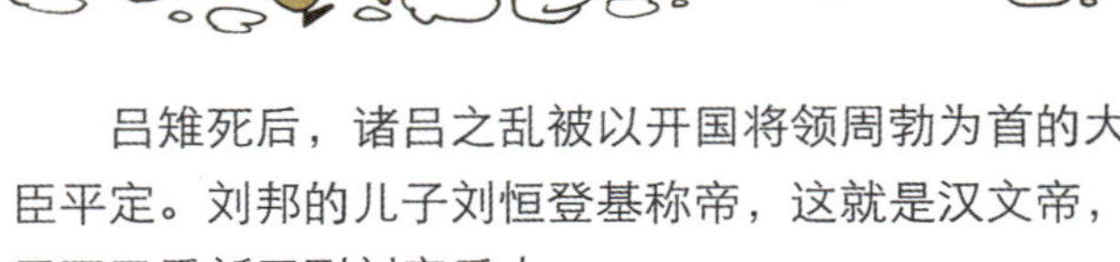

吕雉死后，诸吕之乱被以开国将领周勃为首的大臣平定。刘邦的儿子刘恒登基称帝，这就是汉文帝，天下又重新回到刘家手中。

5 文景之治

秦末以来连年的战乱，以及与匈奴的长期作战，使新生的汉朝急需休养生息。汉文帝与儿子汉景帝在位期间，减轻百姓负担，恢复生产，使得政治稳定，百姓逐渐富足。

6 七国之乱

汉文帝和汉景帝的宽松政策，虽使汉朝经济发展，但同时也使很多诸侯王实力大增，他们变得骄傲自大，胡作非为。景帝决定削藩（削减诸侯的封地和权力）。结果吴国、楚国等七个诸侯王不服气，联合起来叛乱，但仅仅三个月就被平定。

楚汉相争开始	刘邦建汉 铲除异姓王	白登之围	诸吕之乱	文景之治开始	七国之乱
公元前206年	公元前202年	公元前200年	公元前180年	公元前179年	公元前154年

7 汉武盛世

汉景帝死后，他的儿子刘彻继位，这就是有着雄才大略的汉武帝。他在位期间，收复南越、降服西南夷、远征大宛、威震西域，为大汉王朝开疆拓土，使西汉成为当时亚洲第一霸主、世界第一大帝国。

8 独尊儒术

汉武帝“罢黜百家，独尊儒术”，将儒家思想作为国家的正统思想。

10 张骞通西域

外交上，汉武帝为了联络西域国家共同对抗匈奴，命张骞两度出使西域，由此开辟了著名的“丝绸之路”。

9 北击匈奴

汉武帝在位期间，汉朝出现了两位天才将领——卫青和霍去病，他们曾先后三次北上大败匈奴。

11 推恩令

为了削弱各诸侯王的势力，汉武帝颁布推恩令，下令诸侯王将自己的封地封给其子孙，使诸侯王的封地变得越来越小。

12 昭宣中兴

汉武帝时对外作战频繁，使得汉朝国力日衰，百姓穷困。他死后，通过汉昭帝和汉宣帝的努力，汉朝又渐渐繁荣昌盛起来。

13 昭君出塞

汉元帝时，匈奴求亲，本是宫女的王昭君请求出塞和亲，传为佳话。传说昭君弹琴时，天上的大雁听得入神忘记了挥动翅膀，掉落下来。因而王昭君又有“落雁”的美称。

16 赤眉绿林起义

王莽称帝仅仅15年，就被赤眉军和绿林军给推翻了。

15 王莽篡汉

公元8年，外戚王莽夺了西汉皇权，自立称帝，改国号为“新”，西汉灭亡。

14 外戚专权

西汉末期，由于皇帝不思进取，外戚专权，皇权旁落。

汉武盛世 独尊儒术 北击匈奴 张骞通西域 推恩令 昭宣中兴 霍光辅政 设立西域都护府 昭君出塞 外戚专权 王莽篡汉 赤眉绿林起义

元前140年 公元前127年 公元前86年 公元前60年 公元前33年 公元8年 公元17年

哈德良长城
为保护帝国安全，罗马帝国皇帝哈德良在今英格兰北部边界修建了防御工事，后人称其为哈德良长城，它标志着罗马帝国扩张的最北界。
不列颠
束棒
罗马官员的随从手上拿着露出斧头的束棒，音译“法西斯”。它代表着官员有惩罚、处置他人的权力。
莱茵河
钱包
士兵用皮包或青铜钱包放薪饷
维多利亚
胜利女神
密涅瓦
智慧女神
罗马帝国军团
至公元100年，罗马帝国有15万军团士兵，这是罗马帝国军队的核心力量。
多瑙河
羽冠
头盔
金属铠甲
系紧腰带
指挥官服饰
罗马士兵
羊毛斗篷
皮囊
短剑
匕首
行军鞋
普通士兵装束
赛戈维亚引水渠
这座水渠位于西班牙，是罗马人架设的为城市供水用的引水渠之一。
桂冠
罗马皇帝不戴金冠，因为他们不想被认为是国王。戴月桂花环表示军事力量与成功。
亚得里
罗马
这是罗马帝国的首都，1900年前人口超过100万。
庞贝城
这是一座背山面海的避暑胜地，仅次于罗马的第二大城，毁于维苏威火山爆发。
维苏威火山
这座火山位于意大利南部。公元79年，火山喷发，熔浆和火山灰将庞贝城掩埋。
地
屋大维
（公元前63～前14年）
他是罗马帝国实际上的第一位皇帝。因元老院授予他“奥古斯都”的称号，所以他统治的时代又被称为“奥古斯都时代”。
罗马卡拉卡拉浴场
这个浴场可同时容纳2000人洗浴，是古罗马的综合性娱乐场所，甚至还包括一座图书馆。
吕库耳戈斯玻璃杯

欧洲
罗马帝国
恺撒死后，他的养子屋大维建立罗马帝国。战斗力超强的罗马军团所向披靡，迅速扩张，成为横跨亚洲、欧洲、非洲的庞大帝国。不过，快速扩张的繁盛下深藏的民族矛盾为以后罗马帝国分裂埋下了隐患。公元3世纪，罗马国力衰弱，原来臣服于罗马的大批“蛮族”（罗马帝国对周遭部落和民族的蔑称）趁机入境。公元395年，罗马帝国分裂为东罗马帝国和西罗马帝国两部分。
图拉真时代罗马帝国的疆界
罗马帝国的保护国
马尔斯
战神
巴克科斯
酒神
朱庇特
他是诸神之王，相当于希腊神话中的宙斯。
维纳斯
主管爱与美的爱情女神
朱诺
她是朱庇特的妻子，主管婚姻与生育。
罗马诸神
硬币
图拉真
他是古罗马五贤帝之一，其他四位分别是涅尔瓦、哈德良、安敦尼、奥勒留。
图拉真纪念柱
黑海
君士坦丁大帝
他承认了基督教的合法地位，结束四帝共治，将罗马帝国的首都从罗马迁到拜占庭，并将该地改名为君士坦丁堡。
君士坦丁凯旋门
为纪念君士坦丁大帝在米尔维安战役中大获全胜而建
君士坦丁堡
罗马人复制的希腊雕像
罗马人酷爱雕像，除了复制雕像，还把几千座希腊雕像当作战利品带回罗马。
亚美尼亚
万神殿
这座神殿有一个巨大的圆形拱顶，在1800年之前一直是世界上最大的拱顶。
雅典
斯巴达
中
海
角斗士
驯兽师
罗马斗兽场
罗马斗兽场始建于公元80年，是罗马最有名的竞技场，可以容纳5000名观众。
底格里斯河
幼发拉底河
米勒穆斯市场大门
尼罗河

欧洲

罗马帝国简史

1 繁荣的罗马帝国

屋大维在位时，通过征战扩张了大片领土。此后，罗马帝国很少发动大规模的对外战争，稳定的社会环境为罗马帝国带来了大量财富。

2 基督教兴起

公元1世纪中叶，基督教义在奴隶和贫中广泛传播，基督教由此兴起。但一开始信其他神明的古罗马人经常迫害基督教徒，还死了耶稣。

3 嗜血的尼禄

几年后，暴君尼禄登基了。传说尼禄想扩建宫殿，但皇宫周围住满罗马平民。于是他叫手下人在罗马城放火，看着大火熊熊燃烧，他竟开心地唱起歌来。

4 黄金时代

公元96~180年，罗马帝国有五位勤政爱民的皇帝：涅尔瓦、图拉真、哈德良、安敦尼和奥勒留，他们被称为“五贤帝”。他们统治时期，罗马帝国版图达到最大，经济、文化空前繁荣。

5 禁卫军之乱

后来，禁卫军开始作乱，还策划暗杀了皇帝康茂德，罗马帝国开始走向衰落。

6 三世纪危机开始

禁卫军控制了罗马帝国皇位继承，对混乱局势推波助澜。公元253~268年，每个行省都曾出现一位皇帝，罗马帝国陷入危机之中。

7 四帝共治

这时，禁卫军长官戴克里先被军队拥立为皇帝。他觉得自己能力有限，把罗马帝国分为东西两部分，每部分由一位皇帝管理，每位皇帝再各自指定一位继承人。这样就有四个皇帝共同治理帝国。

罗马帝国开始	耶稣诞生	基督教产生	嗜血的尼禄登基	黄金时代开始	甘英出使罗马	禁卫军之乱		三世纪危开始
公元前27年	约公元前6年	公元1世纪中叶	公元54年	公元96年	公元97年	约公元180年	约公元192年	公元2世

8 君士坦丁大帝

君士坦丁继位后，取消禁卫军，把外族编入军队，不仅缓解了罗马帝国的危机，还成为帝国唯一的皇帝。而且，君士坦丁承认基督教的合法地位，临终前受洗正式成为基督教徒。

9 迁都拜占庭

公元330年，君士坦丁大帝把帝国首都从永恒之城罗马迁到拜占庭，将拜占庭改名为君士坦丁堡。

10 外族入侵

从约公元4世纪起，来自欧洲与西亚的各民族部落纷纷迁徙到罗马帝国边境，给帝国边防带来很大压力。

帝国的统治者将外族人编入罗马军队，短期内稳定了帝国的局势。但外族很快学会了罗马的制度与文化，纷纷自立为王。帝国日益衰弱，统治者逐渐控制不住他们。

11 罗马帝国分裂

公元395年，皇帝狄奥多西临死前将罗马帝国分为东部和西部，让两个儿子分别继承管理。此后，罗马帝国分裂为西罗马帝国和东罗马帝国（又称拜占庭帝国）。

12 阿提拉进犯

当外族部落在罗马帝国境内逞凶时，匈奴人从东方打过来了。匈奴人的首领阿提拉还包围了君士坦丁堡，获得了巨额赎金。

13 西罗马帝国灭亡

公元476年，西罗马帝国的领土被周边外族部落蚕食殆尽，外族将领奥多亚克趁机叛变，抓住并废黜了西罗马皇帝，西罗马帝国灭亡。

四帝共治	君士坦丁大帝继位	迁都拜占庭	外族入侵	罗马帝国分裂	阿提拉进犯	西罗马帝国灭亡
公元293年	公元306年	公元330年	公元376年	公元395年	公元447年	公元476年

哈吉斯
哈吉斯是凯尔特人传统美食，用羊胃、羊心、羊肺、羊肝等制作而成。
盎格鲁人
不列颠
撒克逊人
英格兰弓箭手
装备长弓的英格兰主要军队士兵
英格兰长弓
长弓由紫杉木制成，最初为1.5米，后来发展到2米，可以射300多米远。
图林根人
锁子甲
日耳曼人发明了锁子甲，防御能力大幅度提高。
康布雷
法兰克王国
凯尔特铜镜
凯尔特武士
金龙旗是亚瑟王的象征
英格兰武士
爱格伯特
英格兰第一位国王
比斯开湾
勃艮第王国
里昂
银镀金盐罐
东哥特王国
哥特武士
图卢兹
巴斯克人
苏维汇王国
西哥特王国
托莱多
奥多亚克
他是西罗马帝国的日耳曼雇佣军领袖，他废黜了西罗马帝国的最后一位皇帝，使得西罗马帝国灭亡。
罗马
亚得
地
波兰骑兵
迦太基
阿兰·汪达尔王国
罗曼式建筑
日耳曼人仿造罗马建筑风格建造的建筑
早期罗曼式建筑
后期罗曼式建筑
（美因茨主教座堂）
贝依拉和贝格维尔
日耳曼人爱喝啤酒和蜂蜜酒，他们有两个酒神——啤酒神贝格维尔和蜂蜜酒神贝依拉。
酸菜
日耳曼人和斯拉夫人喜爱的食物

·欧洲· 西罗马帝国崩溃后的欧洲

西罗马帝国崩溃后，外族在其故土上建立起许多国家，还皈依了基督教，成为欧洲大陆的新主角。我们今天熟知的英国、波兰、意大利、西班牙等国家都是由这些外族王国发展而来。当时，外族人的文化相对落后，在外族的统治下，欧洲出现了一定程度的文明退步，因此西罗马帝国灭亡后的一千多年也被称为“黑暗时代”。

·欧洲· 法兰克王国

西罗马帝国崩溃后，法兰克人（日耳曼人的一支）占领了高卢地区（今法国南部），建立了法兰克王国。在众多蛮族王国中，法兰克王国存在时间最长、面积最大，继承了西罗马帝国在欧洲的霸权。

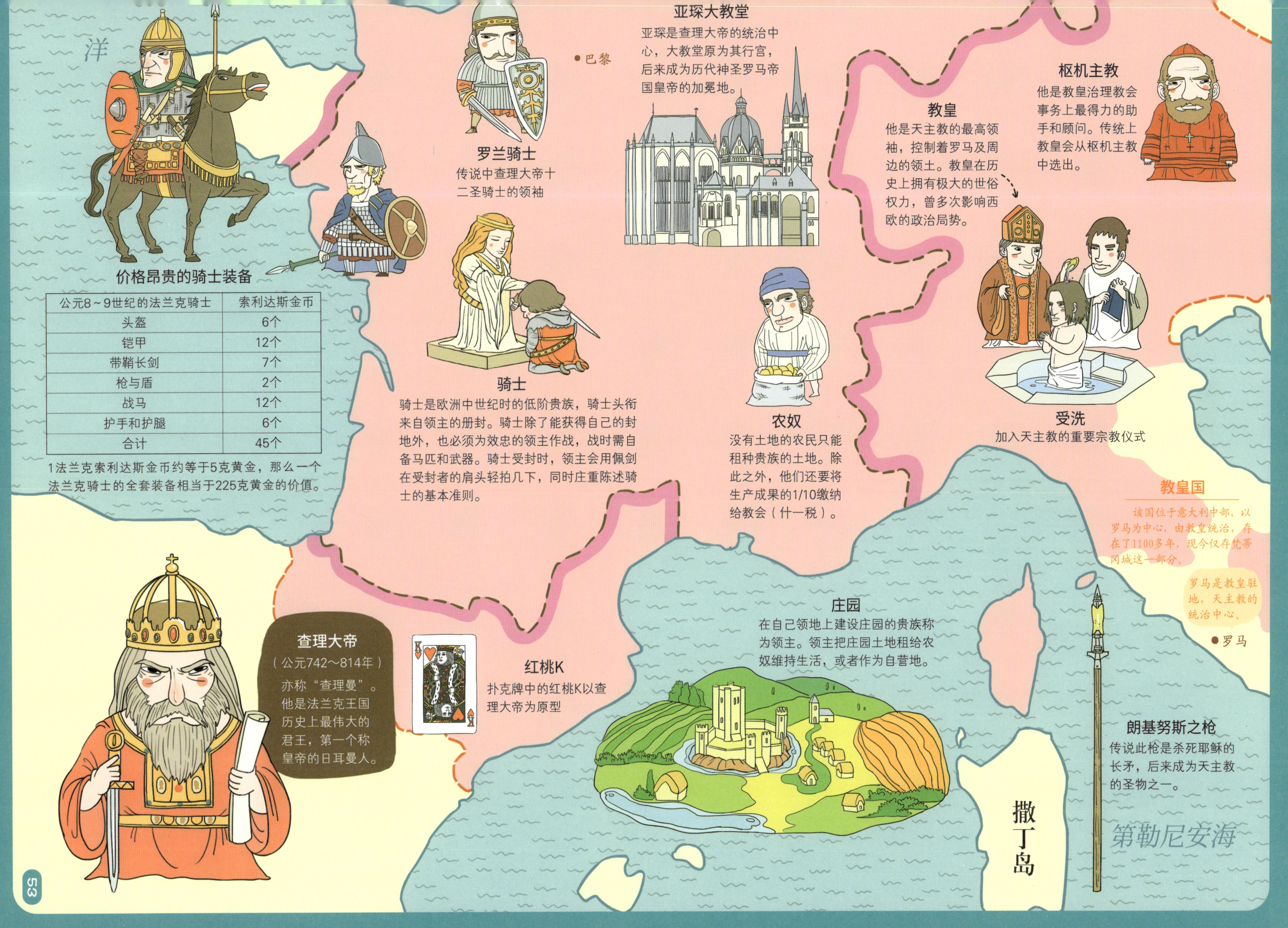

价格昂贵的骑士装备

公元8～9世纪的法兰克骑士	索利达斯金币
头盔	6个
铠甲	12个
带鞘长剑	7个
枪与盾	2个
战马	12个
护手和护腿	6个
合计	45个

1法兰克索利达斯金币约等于5克黄金，那么一个法兰克骑士的全套装备相当于225克黄金的价值。

罗兰骑士

传说中查理大帝十二圣骑士的领袖

亚琛大教堂

亚琛是查理大帝的统治中心，大教堂原为其行宫，后来成为历代神圣罗马帝国皇帝的加冕地。

骑士

骑士是欧洲中世纪时的低阶贵族，骑士头衔来自领主的册封。骑士除了能获得自己的封地外，也必须为效忠的领主作战，战时需自备马匹和武器。骑士受封时，领主会用佩剑在受封者的肩头轻拍几下，同时庄重陈述骑士的基本准则。

教皇

他是天主教的最高领袖，控制着罗马及周边的领土。教皇在历史上拥有极大的世俗权力，曾多次影响西欧的政治局势。

枢机主教

他是教皇治理教会事务上最得力的助手和顾问。传统上教皇会从枢机主教中选出。

农奴

没有土地的农民只能租种贵族的土地。除此之外，他们还要将生产成果的1/10缴纳给教会（什一税）。

受洗

加入天主教的重要宗教仪式

教皇国

该国位于意大利中部，以罗马为中心，由教皇统治，存在了1100多年，现今仅存梵蒂冈城这一部分。

罗马是教皇驻地，天主教的统治中心。

查理大帝

（公元742～814年）

亦称“查理曼”。他是法兰克王国历史上最伟大的君王，第一个称皇帝的日耳曼人。

红桃K

扑克牌中的红桃K以查理大帝为原型

庄园

在自己领地上建设庄园的贵族称为领主。领主把庄园土地租给农奴维持生活，或者作为自营地。

朗基努斯之枪

传说此枪是杀死耶稣的长矛，后来成为天主教的圣物之一。

·欧洲· 法兰克王国简史

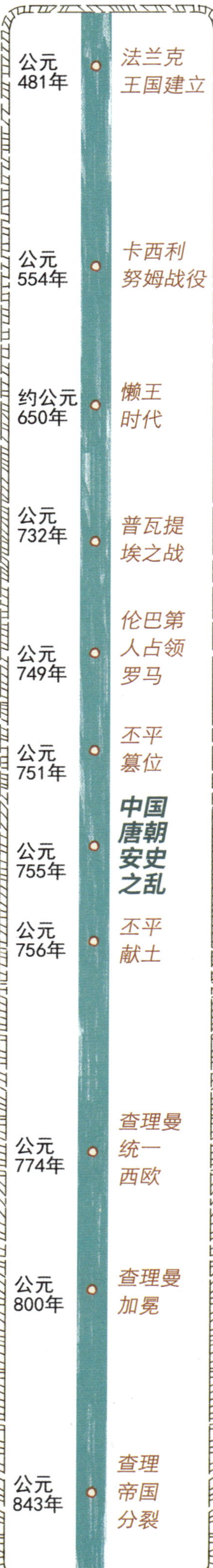

1 法兰克王国建立

法兰克人克洛维在高卢北部建立了法兰克王国，他把土地赠送给其他贵族，同时接受罗马教会的洗礼。法兰克王国是欧洲早期封建社会的雏形。

2 懒王时代

但是，克洛维的继任者们
权力落入宫相手中，他们变得
所事事，一个比一个懒，所以
们称他们为“懒王”。

3 普瓦提埃之战

公元732年，阿拉伯帝国征服西班牙后，开始入侵法兰克王国。双方军队在普瓦提埃（今法国南部）大战六天六夜，法兰克王国取得压倒性胜利。

这时伦巴第人（日耳曼人一支）在意大利北部的势力渐长，威胁教皇的统治。为了获得支援，教皇支持大权在握的宫相丕平篡夺了王位。

4 丕平篡位

5 丕平献土

丕平即位后，发动了对伦巴第人的战争，攻打了包括拉韦纳在内的意大利中部和北部的许多地区，将这些地区作为对教会的回报送给了教皇，成立了“教皇国”。

6 查理曼统一西欧

丕平的儿子查理曼继位后，积极扩张领土，统一了西欧大部分地区，继承了罗马帝国在欧洲的霸权，所以后人也称他“欧洲之父”。

7 查理曼加冕

公元800年圣诞节，查理曼受教皇的加冕，成为“罗马人的皇帝”，是西罗马帝国的继承者，也是天主教世界的保护人，史称“查理大帝”。

8 欧洲第一次觉醒

当时欧洲的大部分人都是文盲或半文盲，除了教士以外，几乎没有人识字。为了改变这种缺乏教育的状况，查理曼重金聘请了很多精通希腊语和拉丁语的学者来到自己的宫廷讲学，还恢复并兴办了许多学校和图书馆，形成“加洛林文艺复兴”，又被称为“欧洲的第一次觉醒”。

9 查理帝国分裂

查理曼之子路易一世死后，他的三个儿子在公元843年签订《凡尔登条约》，瓜分了帝国。东法兰克王国成了之后的神圣罗马帝国，西法兰克王国成了之后的法兰西王国；中法兰克王国之后被东法兰克、西法兰克瓜分。

10 洛林争端的起源

东法兰克、西法兰克瓜分中法兰克的时候，没有明确洛林地区的归属。为了争夺洛林地区，双方又爆发过几次大战。中世纪时该地区长期属于神圣罗马帝国。17世纪中期，法国又占领了这一地区。1871年，德国在普法战争中获胜，赢得了洛林地区。第一次世界大战后，根据《凡尔赛条约》此地又再度成为法国领土。

欧洲 东罗马帝国

公元395年，罗马帝国分裂为东、西罗马帝国两部分。西罗马帝国不久就灭亡了，而东罗马帝国延续了千年，成了欧洲历史最悠久的帝国。东罗马帝国的都城在君士坦丁堡，旧称“拜占庭”，故又称“拜占庭帝国”。查士丁尼一世在位时，阻挡了外族侵扰，收复了大片失地，几乎恢复了昔日罗马帝国的辉煌。不过，东罗马帝国始终四周强敌环伺，最终被奥斯曼帝国灭亡。

拜占庭帝国（约公元867年）
臣属的区域
暂时合并的区域
拜占庭帝国的疆界（约1025年）

总督
东罗马帝国将国家划分为四个大区，由大区总督管理，因此总督权力极大，经常作乱。
重甲步兵
瓦兰吉头盔
贝利萨留
帮助查士丁尼一世征服北非和意大利的名将
黑
海
瓦兰吉卫队
瓦兰吉卫队是东罗马帝国的雇佣军，同时也是皇帝的贴身侍卫。“瓦兰吉”是“誓言”的意思，即誓死效忠主人。
格鲁吉亚
铁甲骑兵
骑兵与坐骑全身穿戴铠甲，可以轻易摧毁步兵方阵。
十字军
十字军是由天主教士兵组成的军队，名义上为了帮助东罗马帝国抵抗穆斯林的入侵。
瓦兰德
染料
毛皮
瓷器
茶叶
东罗马帝国金币
常铸刻有下令发行这种金币的皇帝形象
贸易
东罗马帝国地理位置优越，能同全世界做生意，他们从俄罗斯进口毛皮，从印度进口染料，从中国进口茶叶、瓷器等。
丝绸技术的传播
丝绸是中国的特产。“丝绸之路”上来往的商队将养蚕技术引入东罗马帝国。从此以后，东罗马帝国出现了庞大的皇家丝织工场，获得大量贸易财富。
开锡特艾米尔
塔戎
穆什
瓦斯普拉干
凡城
东正教教士
由于东西罗马帝国的分立，基督教会也发生了分裂。东罗马帝国信奉东正教，其信徒主要分布在东欧和巴尔干半岛。
叙利亚
安条克
查士丁尼长矛
王权宝球
王权宝球又称“国王的苹果”，是皇帝权力的象征。
塞浦路斯岛
海
大马士革
查士丁尼一世
（约公元482～565年）
查士丁尼一世统治期间，收复了罗马，几乎重新吞并了整个地中海沿岸地区，在其治下东罗马帝国几乎达到了全盛。
圣索菲亚大教堂
查士丁尼一世大兴土木，修建了很多建筑，圣索菲亚大教堂就是其中最著名的一座。
耶路撒冷
狄奥多拉
足智多谋的查士丁尼一世皇后

欧洲 东罗马帝国简史

公元395年	定都君士坦丁堡
公元527年	查士丁尼一世登基
公元532年	尼卡起义
公元542年	查士丁尼大瘟疫
公元618年	**中国李渊建唐**
公元627年	尼尼微战役
公元717年 公元718年	再次围攻君士坦丁堡
公元726年	毁坏圣像运动
公元867年	进入第二个黄金时代
1014年	克雷西昂之战
1071年	曼齐刻尔特战役
1096年	第一次十字军东征
1204年	拉丁帝国建立
1261年	东罗马复国
1453年	君士坦丁堡陷落

1 定都君士坦丁堡

公元395年，罗马帝国一分为二。东罗马帝国定都于君士坦丁堡。君士坦丁堡的拉丁语名称为“拜占庭”，所以东罗马帝国也经常被称为拜占庭帝国。

查士丁尼一世

2 查士丁尼一世登基

东罗马帝国初期出现了一位影响力很大的皇帝——查士丁尼一世。他不仅编纂了欧洲第一部系统完备的法典《民法大全》，还征服了东哥特王国和北非汪达尔王国。

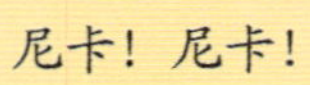

3 尼卡起义

公元532年，君士坦丁堡发生了市民暴动，表面上是赛车比赛时，市民因支持不同的队伍而发生了冲突。实际上，这是君士坦丁堡城中不同政治势力之间的一场角斗，市民在暴动中高呼口号“尼卡（胜利）”。后来，尼卡起义被镇压。

4 查士丁尼大瘟疫

查士丁尼统治末期，帝国东西边境已经面临来自萨珊与外族的巨大压力。公元6世纪中期以来，一场规模空前的瘟疫（一般认为是鼠疫）也不期而至。接下来的一百年里，瘟疫反复暴发，帝国的复兴之梦终成泡影。

5 尼尼微战役

查士丁尼一世死后，萨珊帝国占领了东罗马帝国东部的大部分领土和埃及。皇帝希拉克略在尼尼微战役中重创波斯，收复了失地。一蹶不振的波斯很快就被阿拉伯帝国征服，东罗马帝国东部领土和埃及又被阿拉伯人夺走了。

6 再次围攻君士坦丁堡

阿拉伯帝国成了拜占庭帝国最严重的威胁。公元717年，阿拉伯帝国大军海陆并进，再次包围了君士坦丁堡，东罗马帝国岌岌可危。皇帝利奥三世用“希腊火”歼灭了阿拉伯战舰。

7 毁坏圣像运动

利奥三世为了打击教会势力，发起“毁坏圣像运动”，目的是简化宗教仪式，取消圣像崇拜。教堂和修道院被大肆破坏，但其所占据的大片土地收归国有，这有效缓解了东罗马帝国的财政困难。

8 第二个黄金时代

东罗马帝国和阿拉伯帝国的战争耗时许久，各地总督拥兵自重，联合起来发动叛乱。皇帝巴西尔二世与基辅罗斯（俄罗斯的前身）组成联盟，平息了内乱，成为东罗马帝国历史上在位最久的皇帝。在他的统治下，东罗马帝国经历了一段较长时间的繁荣时期。

9 克雷西昂之战

自公元6世纪开始，东罗马帝国就一直与保加利亚发生冲突。巴西尔二世在位期间发动了克雷西昂之战，决定性地扭转了战局，最终令保加利亚灭亡。此役后，巴西尔二世下令挖出保军俘虏双眼，因此得名“保加利亚人屠夫”。

10 曼齐刻尔特战役

从10世纪以来，突厥人创立的塞尔柱帝国日益强盛。1071年，塞尔柱突厥人与东罗马帝国人在小亚细亚爆发了曼齐刻尔特战役。东罗马帝国战败，皇帝罗曼努斯四世被俘。东罗马帝国从此永远地失去了其亚洲部分的领土，帝国开始走向衰落。

11 十字军入侵

东罗马帝国抵抗不住塞尔柱突厥人的入侵，便向西欧诸国求援。在教皇的组织下，各国派出十字军支援。但是十字军也打不过突厥人。他们顺便在东罗马帝国烧杀劫掠，竟然还占领了君士坦丁堡，建立起“拉丁帝国”。

12 东罗马复国

流亡到尼西亚的拜占庭贵族米凯尔兵不血刃攻灭拉丁帝国，并加冕为新的皇帝——米凯尔八世。东罗马帝国得到了恢复。

13 君士坦丁堡陷落

1453年，奥斯曼帝国军队从海陆两面包围君士坦丁堡，用巨炮击破城墙。东罗马末代皇帝君士坦丁十一世率军抵抗，但寡不敌众，东罗马帝国灭亡。

亚洲
印度笈多王朝
贵霜帝国灭亡后，印度长期处于分裂状态，直到公元320年，旃陀罗·笈多一世建立笈多王朝。后来，旃陀罗·笈多二世“超日王”在位时，完成了整个北印度的统一，国力达到鼎盛，这一时期被称为印度的“黄金时代”。当时，印度地区佛教盛行，各地兴建佛教建筑，各国僧侣也聚集于此。中国东晋僧人法显曾在印度游历14年，写下著名的《佛国记》。
达摩
在中国传法多年的印度僧人
印度铁弓
空相寺
该寺原名“定林寺”，位于中国河南，因达摩圆寂于此，且传说他脱化成佛而更名为“空相寺”。
摩诃菩提寺
2002年被列入《世界遗产名录》
重骑兵
这是“超日王”时期仿照波斯帝国发展而来的兵种，它取代了战车。
步兵
弓箭手
重步兵
飞天造像
这是北印度特有的造像，后传入中国。
印
度
河
德里铁柱
这是旃陀罗·笈多一世锻造的铁柱，高约7米，直径约0.5米，用乌兹钢制成，上面刻有诗歌，矗立千年不锈，用以纪念王朝建立。
索苏巴塔长剑
坎达长剑
重甲战象
印度拳刃
秣菟罗
(摩陀罗)
羯若鞠阇
(曲女城)
阿旃陀石窟
这座石窟是印度最大的石窟遗址，建于约公元前2世纪至公元7世纪期间，石窟内的壁画和雕塑被视为佛教艺术的经典。
毗罗摩罗城
乌兹钢
这种钢材十分坚韧，表面有分布均匀的大晶体花纹，不易生锈，被称为“印度铁”，曾出口到世界各地。
太阳神图腾
雅利安人崇拜太阳
波吒厘子城
(华氏城)
那烂陀寺
王舍城

阿斯瓦利达

这种古老的仪式被用来证明君权神授。国王放出一匹背着象征王权的金伞的白马，任由它奔跑一年，如果白马平安归来，就证明它所跑过的领土是由上天赐予国王的。"超日王"曾成功举办过这种仪式。

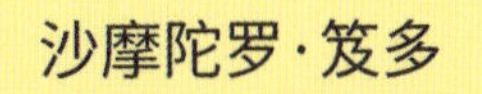

●阿折罗寺

毗日

他是宫廷九宝之一，著名的天文学家，完成了天文学汇编《太阳历法》和占星学著作《广记》，于唐代传入中国。

沙摩陀罗·笈多

他又被称为"海护王"，是笈多王朝第二任君主，有"诗人国王"和"印度的拿破仑"之称。

旃陀罗·笈多二世

他又被称为"超日王"，是印度历史上开创"黄金时代"的国王，被称为"摩诃罗阇"（意为"伟大的君主"）。

"超日王"宫廷九宝

"超日王"宫廷中的九位著名学者：梵语文学大师迦梨陀娑、天文学家毗日、名医昙梵陀利、耆那教圣人克沙帕纳卡、字典编者长寿师子、数学家桑库、诗人晨塔拉巴塔和迦尔帕拉、文法学家婆罗流支。

占星术

那烂陀寺

"那烂陀"在梵语中是"知识给予者"的意思。那烂陀寺是古印度佛教的最高学府和学术中心，中国的法显、义净等高僧都曾在那里留学。

《佛国记》

法显的西行游记

法显

公元399年，65岁的法显从长安出发，经西域到印度寻求完整准确的佛法戒律。

印度金币

笈多王朝仿照罗马金币铸造的金币

印度商船

一种能适应远洋航行的帆船

旃陀罗·笈多一世

象牙工艺品

这是印度主要特产之一，远销西方。

印度财富女神像

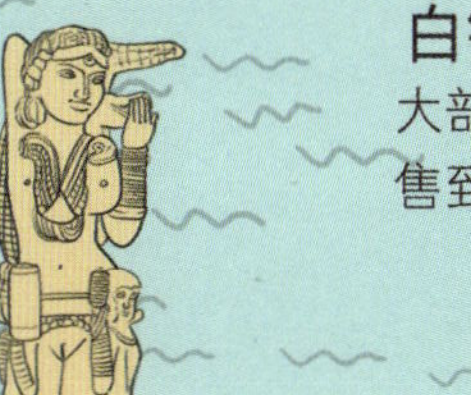

白铜器皿

大部分被销售到西方

人物陶器

高岭土

这种土原产于中国，古印度进口后用以制作瓷器。

海上贸易

印度的海上贸易十分发达，贸易路线东至中国，西至地中海。出口商品有棉花、谷物、香料、染料、象牙等，进口商品（大多从中国进口）有丝绸、茶叶、白铜、高岭土等。

印度笈多王朝简史

大月氏西迁

中国东汉时，居住在西域的大月氏被匈奴打败，西迁到印度北方，建立贵霜帝国，成为古代世界四大强国之一（与汉朝、罗马、安息并列）。

2 佛教兴盛

贵霜帝国君主迦腻色伽能征善战，几乎统一了印度北部。他是佛教徒，曾召开佛教集结大会，推行大乘佛教。在他的治下，贵霜帝国孕育了犍陀罗式的佛教艺术，对中亚地区影响很大。

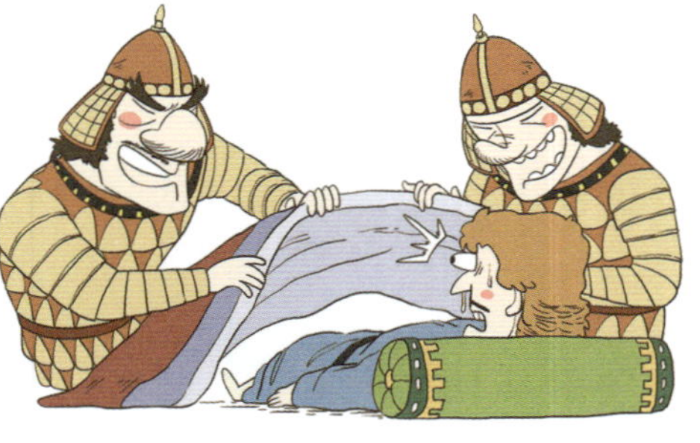

3 贵霜帝国灭亡

公元3世纪以后，贵霜帝国逐渐衰落，分裂成若干小国。恒河下游摩揭陀的笈多家族崛起，统一了一部分贵霜人的小王国。

4 笈多王朝建立

约公元308年，笈多家族首领旃陀罗·笈多一世通过联姻合并了车梨国，继承了华氏城的统治权。公元320年，旃陀罗·笈多一世建立笈多王朝，定都华氏城。

埃洛拉石窟群 埃洛拉石窟群是世界寺庙石雕建筑的典范。它延伸约2千米，其中有印度教、佛教和耆那教石窟，代表了印度多种宗教共同发展的历史。

5 诗人国王

旃陀罗·笈多一世的儿子“海护王”继位后，吞并了印度中部的大片领土，周边小国纷纷称臣纳贡，其势力远达苏门答腊和爪哇。闲暇之余，“海护王”还创作了很多诗歌，被誉为“卡维罗阇（shé）”（意为“诗人国王”）。

6 王子刺杀记

传说，“海护王”的儿子——“超日王”曾乔装成美女混进敌国王宫，暗杀了敌国君主并成功脱身。

7 钢铁雄师

“超日王”登基后，利用炼钢技术强化士兵的装备、武器和钢甲战象。这支“钢铁雄师”有50万步兵、5万骑兵、1万战象，征服了许多领土。

8 嚈哒（yè dā）入侵

没过多久，嚈哒（中国史书称“白匈奴”）多次侵扰笈多王朝边境，侵占领土，掠夺人口和财富。最终，笈多王朝瓦解，印度又重返四分五裂的局面。

9 “戒日王”复兴

公元606年，坦尼沙王国的重臣婆尼率群臣拥立亲王曷利沙·伐弹那为王，号称“戒日王”。“戒日王”依靠强大的武装，重新统一北印度，史称“戒日帝国”。印度又一次迎来了强盛的“黄金时代”。

10 一人灭一国

“戒日王”去世后，大臣阿罗那顺篡位，还扣押了唐朝使团。唐朝使者王玄策逃到吐蕃，吐蕃赞普松赞干布借给他9000士兵。王玄策率军南下，大破印度军队，俘虏阿罗那顺并将其带回长安。戒日领主们纷纷割据小邦称雄，帝国也就瓦解了，印度再次分裂。

公元1世纪初	贵霜国家建立
公元1世纪	佛教兴盛
公元3世纪	贵霜帝国分裂
公元320年	笈多王朝建立
公元330年	“海护王”继位
公元380年	“超日王”继位
公元402年	**法显到达印度**
约公元5世纪中叶	白匈奴入侵
公元520年	**达摩法师抵达南北朝时期的中国**
公元606年	戒日王复兴
公元632年	**玄奘法师抵达印度**
公元647年	一人灭一国

亚洲·

中国唐朝

汉朝之后，中国的分裂局面长达300多年，隋文帝杨坚结束了这一局面，建立起上承南北朝、下启唐朝的大统一朝代。但好景不长，隋朝只持续了37年。隋朝的唐国公李渊于公元617年在太原起兵，6个月攻入长安，于公元618年称帝，以“唐”作为国号。唐朝经济发达、文化昌盛、军事强大，与当时的阿拉伯帝国均为世界强国。

---- 政权部族界

未定 今国界

秦琼和尉迟恭是唐朝的两位名将，后来成为民间的门神。

秦琼

尉迟恭

唐三彩

釉彩以黄、绿、白三色为主的陶器

大食人

唐朝对阿拉伯人的称呼

安西士兵

多样的幞头

男子用来包头的软巾

唐刀

陌刀 砍杀骑兵的武器

茶道

权贵中饮茶之风盛行

葡萄酒

唐朝盛行的饮食

夜光杯

祁连山的玉做的酒杯

胡椒

胡饼

李渊

唐朝的开国皇帝

魏徵

他是唐太宗的大臣，唐太宗称赞他：以人为镜，可以明得失。

锁子甲

这种铠甲从西域传入，是盛行于唐朝的金属铠甲。

东罗马金币

唐朝钱币

波斯银币

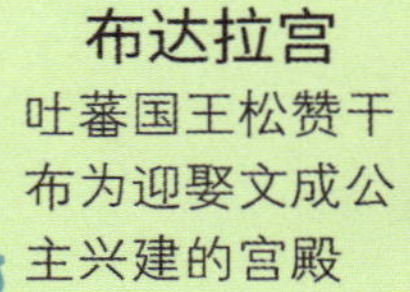

越窑青瓷

秘色瓷

邢窑白瓷

吐蕃

布达拉宫

吐蕃国王松赞干布为迎娶文成公主兴建的宫殿

逻些城

（今西藏自治区拉萨市）

“药王”孙思邈

著有《千金方》的医学家

黄巢

唐末农民起义领袖

“剑圣”裴旻

他的剑舞是“唐代三绝”之一

“诗仙”李白

他的诗是“唐代三绝”之一

“诗圣”杜甫

筒车灌溉

曲辕犁

唐朝人发明了筒车和曲辕犁，使农业有了极大发展。

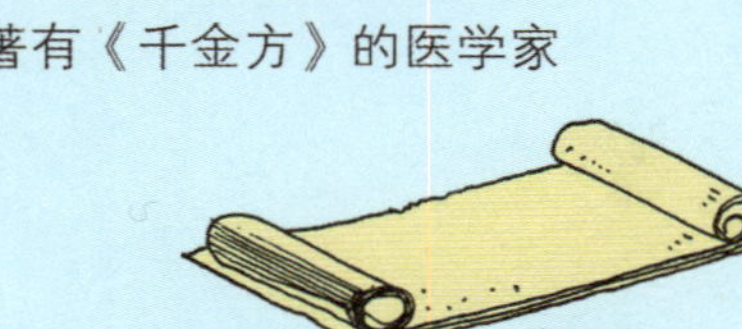

宣纸

这是唐朝产于宣州府的纸，常用于书画。

唐朝涌现了很多书法家，如初唐的欧阳询，中晚唐的颜真卿、柳公权等人。

“画圣”吴道子

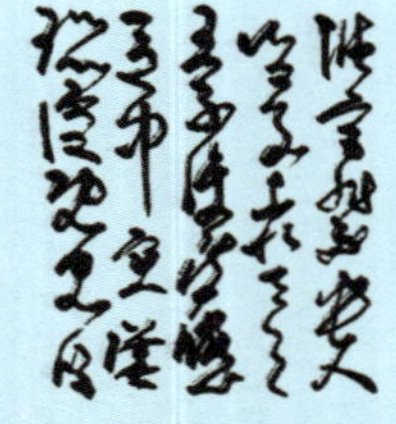

张旭狂草

张旭痴迷于书法，据传他的草书很多是醉酒后一笔写成。他的草书被封为“唐代三绝”之一。

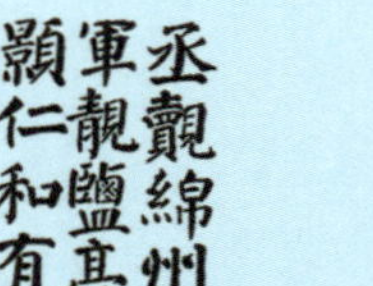

颜真卿书法

蝴蝶装图书

唐末出现的一种图书装订形式

经折装图书

霓裳羽衣舞

室韦
唐玄宗
他是唐朝第七位皇帝，他在位时唐朝由盛而衰。
日晷
用太阳投影计时的工具
打马球
唐朝盛行的体育运动
靺鞨
突厥士兵
突厥
杨贵妃
她是唐玄宗的妃子，“古代四大美女”之一。
突厥箭囊
武则天
中国历史上唯一的女皇帝
渤海
新罗
白江口之战
公元663年，唐朝与新罗联军大胜倭国（日本）水军，从此日本俯首拜师。
黄河
粟特商人
大雁塔
唐太宗
他开创了著名的“贞观之治”。
长安
（今陕西省西安市）
遣唐使
日本派往唐朝学习唐朝文化的使者
东
飞钱
飞钱是一种可以兑换钱币的票证，类似现代的银行汇票。
唐
玄奘
远赴印度取经学习的高僧
长江
海
鉴真
曾六次东渡日本传教的唐朝高僧
乐山大佛
唐朝历时90年凿建的乐山大佛是世界最大的坐佛，高71米。
滕王阁
大诗人王勃曾在此地写下《滕王阁序》
李靖
李靖是唐初名将，文武兼备，著有多部兵法。
流求
柜坊
这是唐朝时替别人保管钱币和贵重物品的机构，类似今天的银行。
大理三塔
唐
流求
南海
（涨海）
唐朝男女服饰
南　海
（涨　海）
南 海

亚洲·中国唐朝简史

1 李渊建唐

公元618年，李渊在长安称帝，建立唐朝，李渊就是唐高祖。

2 平定天下

唐朝建立后，周围还有许多大大小小的政权，李渊父子经过几年的东征西讨，终于结束了隋末大乱的局面，统一天下。

9 女皇帝武则天登基

唐太宗之后的唐高宗李治在位时，皇后武则天参与朝政。唐高宗死后，武则天就逐渐控制了朝政。公元690年，武则天登基称帝，改国号为“周”，成为中国历史上唯一的女皇帝。

10 开元盛世

武则天在晚年被逼退位后，朝廷又经过了一段混乱时期。后来唐玄宗李隆基登基，他励精图治，唐朝又开始繁荣起来，进入了全盛时期，史称“开元盛世”。

11 贵妃杨玉环

唐玄宗非常宠爱杨贵妃。杨贵妃爱吃荔枝，唐玄宗就派快马从千里之外的南方送荔枝到京城来。

这是跑死十几匹马刚送来的。

12 李白和杜甫

唐诗在这一时期也达到了顶峰，涌现出很多大诗人，其中有两位最著名，就是“诗仙”李白和“诗圣”杜甫。

13 安史之乱

唐玄宗晚年逐渐昏庸，任用奸臣，朝政混乱，两个边防将领安禄山和史思明发动叛乱，叛军攻破了都城长安。

逃命要紧！

長安

18 黄巢起义

唐朝的腐败，导致了农民起义的爆发，出身盐商的黄巢率领的起义军给摇摇欲坠的唐朝致命一击。

19 朱温灭唐

曾参加黄巢起义的朱温在归顺唐朝后，篡权夺位，于公元907年自己称帝，建国号“梁”。从此，唐朝灭亡，天下又进入乱世。

李渊建唐	平定天下	玄武门之变	贞观之治	房谋杜断	太宗纳谏	玄奘取经	文成公主入藏	唐高宗即位	女皇武则天登基	韦后乱政	唐玄宗即位
公元618年	公元620年 公元623年	公元626年	公元627年					公元649年	公元690年	公元710年	公元712年

3 玄武门之变

在唐朝建立过程中，李渊的两个儿子——太子李建成和秦王李世民功劳最大，兄弟二人为了争夺皇位明争暗斗。李建成想除掉李世民，结果李世民提前下手，发动了玄武门之变，杀了太子李建成、皇子李元吉。李世民就是唐太宗。

4 贞观之治

唐太宗继位后，精心治国，使唐朝走向兴盛，这一时期被称为“贞观之治”。

5 房谋杜断

唐太宗非常善于用人，房玄龄和杜如晦是当时的名臣。房玄龄善于计谋，杜如晦善于决断，二人齐心协力，被称为“房谋杜断”。

6 太宗纳谏

唐太宗还善于纳谏，大臣魏徵因为进谏（给皇帝提意见）经常惹恼他，但他还是始终信任魏徵。

7 玄奘取经

唐太宗时期的高僧玄奘，不远万里到天竺（今印度）求取佛经。他还把这段经历写了下来，名为《大唐西域记》。

8 文成公主入藏

唐太宗很重视与少数民族的关系，将文成公主远嫁吐蕃（今西藏）。

14 郭子仪平叛

安史之乱爆发后，中原大地上战乱不断，百姓流离失所。所幸有大将郭子仪力挽狂澜，带领唐朝军队不断与叛军作战，终于先后收复了洛阳和长安，平息了长达八年的安史之乱。

15 牛李党争

安史之乱被平定后，唐朝由盛转衰。这时，以牛僧孺和李德裕为首的两大集团不断地争斗，把朝廷弄得乌烟瘴气。

16 藩镇割据

朝廷内部混乱，外面也不太平，许多节度使（地方军事长官）拥兵自重，不服从朝廷管辖。

17 宦官之祸

牛李党争造成了宦官权势的增大，甚至干扰朝政，直接废立皇帝。

开元盛世		安史之乱 郭子仪平叛		牛李党争 藩镇割据	宦官之祸	王仙芝、 黄巢起义	朱温灭唐
公元713年	公元741年	公元755年	公元763年	公元821年	公元835年	公元874年	公元907年

·亚洲· 阿拉伯帝国

公元632年，阿拉伯帝国诞生，阿拔斯王朝时迁都巴格达（今伊拉克的首都）。阿拉伯帝国全盛时，疆域达1340多万平方千米，人口4000多万，是世界历史上第四个横跨欧洲、亚洲、非洲三大洲的大帝国。阿拉伯人很会做生意，在首都巴格达可以看到来自世界各地的商队、开支票的银行、停满商船的码头。货物流通促进了各地经济、文化交往，天文学、炼金术、阿拉伯数字、造纸术、咖啡等便是从阿拉伯传播到世界各地的。

至英国

至挪威

法兰克王国

基

威尼斯

三角帆船

阿拉伯人发明的远洋帆船——三角帆船，最远可抵达中国和非洲南部。

科尔多瓦

阿布·瓦法

阿布·瓦法是中世纪阿拉伯最杰出的数学家、天文学家，他所写的算术、几何著作保留了很多古希腊时代的精髓，之后传入欧洲，成为科学启蒙的重要书籍之一。

地

中

海

（拜占庭）

君士坦丁堡

拜占庭帝国

非斯

萨拉丁

他是埃及和叙利亚的第一位“苏丹”（伊斯兰国家统治者头衔），曾经打败十字军，收复耶路撒冷。

亚历山里亚

阿拉伯士兵

阿拉伯军队十分注重机动性，以骑兵为主，没有身披重甲的军队。

佐勒菲卡尔之剑

哈里发的武器

弗斯塔特

（今埃及开罗市

骆驼骑兵

阿拉伯禁卫军

这支禁卫军主要由突厥人组成，负责保护哈里发的安全。

阿拉伯人带给世界的礼物

12345

咖啡

星盘

数字

国际象棋

阿拉伯人从波斯人那里学会了这种游戏，并传播到了整个欧洲。

哈里发

他是阿拉伯帝国元首，类似于皇帝，这个词原意是“先知的继任者”。

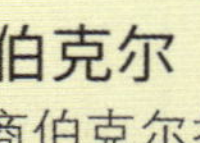

伯克尔

麦加富商伯克尔把女儿嫁给了穆罕默德。穆罕默德死后，伯克尔成为第一任哈里发。

- 穆罕默德时的帝国（公元632年）
- 公元632～850年的征服地
- 公元7～8世纪遭受阿拉伯人侵袭的地区
- 公元750年阿拉伯帝国的疆界
- 中国造纸术西传路线（迄17世纪）

圣岩金顶清真寺
舍施尔弯刀
舍施尔弯刀是阿拉伯士兵标配的波斯弯刀，舍施尔在阿拉伯语中是“狮子尾巴”的意思。
伊斯兰教武士头盔
炼金术
阿拉伯人发明的炼金术是现代化学的起源
咸海
恒罗斯
中国（唐）
黑海
里海
阿拉伯匕首
每个阿拉伯男人都会佩戴一把制作精美的匕首
底格里斯河
幼发拉底河
大马士革
巴格达
库非耶
阿拉伯长袍
自古至今，阿拉伯地区上至国家元首，下至平民百姓，一年四季都习惯穿长袍。阿拉伯地区的夏季最高温可达50摄氏度，长袍可上下通风，头巾可抵御烈日，还能捂住口鼻遮挡风沙。
印度河
耶路撒冷
传说穆罕默德曾在此遇到天堂的使者，所以这里被奉为伊斯兰教的第三圣地。同时这里也是基督教、犹太教的圣城，历史上为了争夺耶路撒冷爆发过很多次宗教战争。
波斯湾
阿拉伯半岛像一个巨大的楔子，镶嵌在印度、埃及、美索不达米亚之间，半岛内部是荒漠和小片的绿洲。阿拉伯文化是欧亚大陆各个文明融合而产生的新文化。
麦地那
伊斯兰教的第二圣地、穆罕默德的传教地、阿拉伯帝国的第一个首都。
红海
黑奴起义
与“斯巴达克奴隶起义”齐名的奴隶起义
阿拉伯海
麦加
伊斯兰教的第一圣地，也是穆罕默德的出生地，穆罕默德在此创立了伊斯兰教。
阿拉伯商人
阿拉伯商人曾到世界各地做生意，香料是他们的主要商品。
大马士革钢
这是阿拉伯人掌握的一种特殊炼钢工艺。这种工艺炼出的钢带有特殊的花纹，所以也称“花纹钢”。
贝都因人
阿拉伯半岛上古老的游牧民族
安息香
安息树的树脂同乳香一样，可做熏香，也可入药。
乳香
这种香料常在宗教礼仪中使用，或作为药材使用。

阿拉伯帝国简史

1 伊斯兰教创立

公元570年，穆罕默德在阿拉伯半岛的麦加诞生。他25岁时娶了40岁的富商遗孀，不用为生计发愁，开始专心研究宗教，创立了伊斯兰教。

2 阿拉伯半岛统一

穆罕默德积极传教，逐渐成为阿拉伯半岛最有实力的政教领袖，其他部落也纷纷表示愿意皈依伊斯兰教。阿拉伯半岛基本统一。

3 四大哈里发

穆罕默德死后，四大哈里发（先知的继承人）相继执掌阿拉伯伊斯兰国家的政教大权。他们都曾辅佐过穆罕默德且由穆斯林民主选举产生，所以又称“正统哈里发”。四大哈里发以传播伊斯兰的“圣战”为使命，开始征服世界。

4 倭马亚王朝建立

公元661年，倭马亚家族的叙利亚总督阿维叶即位哈里发，以大马士革为首都，建立了倭马亚王朝，中国史书称其为“白衣大食”。

5 军事扩张的高峰

公元8世纪初，倭马亚王朝政权巩固后，阿拉伯人开始发动大规模的对外战争，先后攻占了中亚、印度北部、埃及等地。公元714年，阿拉伯军队征服西哥特王国，占领西班牙。

6 阿拔斯王朝建立

公元750年，阿拔斯派联合什叶派穆斯林，推翻了倭马亚王朝的统治，建立了阿拔斯王朝，后迁都巴格达，中国史书称其为“黑衣大食”。

7 怛罗斯之战

为了控制中亚，阿拉伯军队和为中亚诸国所求援的唐朝安西都护府的军队在怛罗斯河畔相遇了。唐军虽然人数较少，但在名将高仙芝的指挥下，不落下风。但是，唐军盟友葛逻禄临阵叛变。最终，阿拉伯军队击退唐军。

闪米特人在阿拉伯半岛生活	穆罕默德诞生	穆罕默德开始宣传伊斯兰教	阿拉伯半岛统一	倭马亚王朝建立	征服西哥特王国	阿拔斯王朝建立	怛罗斯之战
约6000年前	公元570年	公元610年	公元632年	公元661年	公元714年	公元750年	公元751年

8 起义频发

公元8世纪至9世纪，阿拉伯帝国政治稳定，经济繁荣，为帝国的鼎盛时期。由于统治者的残酷剥削，再加上庞大领土上民族与宗教矛盾激化，人民起义、教派斗争频发。因此，阿拔斯王朝国力日衰。

9 阿拉伯帝国分裂

公元9世纪中期以后，帝国内部经济基础的差异与军事首领割据一方形成的地方势力，促使阿拉伯帝国分裂。东西各地几十位总督、军事统帅趁机自立，相互攻伐征战。此时，哈里发不再是帝国的首脑，而成为某个占上风的政治力量的傀儡。

10 巴格达陷落

1055年，塞尔柱突厥人趁机出兵占领巴格达，抓住了哈里发，控制了阿拉伯帝国。

11 阿拉伯帝国灭亡

塞尔柱王朝又被花剌子模王朝取代，但他们都没有挡住蒙古大军的铁骑。最后，蒙古大军占领了巴格达，哈里发穆斯台绥木被乱马踏死，阿拉伯帝国至此灭亡。

阿拉伯帝国分裂	巴格达陷落	阿拉伯帝国灭亡
元9世纪60年代	1055年	1258年

欧洲 维京时代

维京人的老家在欧洲北方，他们是今天挪威人、丹麦人、瑞典人、冰岛人的祖先，维京是古代北欧人语言中“从海湾来的”的意思。维京人经常靠着勇悍无比的战斗力横行欧洲，到处烧杀掳掠，人们闻风丧胆，更喜欢称他们为“北欧海盗”。

龙头船

这种船是维京人称霸海洋的秘密武器，可容纳40～60名战士，船首为雕木制成的龙头。龙头船吃水深度较浅，在1米深的水中都能浮起。

船葬

维京人死后会与他的船、武器和马匹一起下葬，意为“生于船上，死于船上”。

鳕鱼

- 1000年前后各国的疆界
- 诺曼人（丹麦人）侵犯路线
- 诺曼人（挪威人）侵犯路线
- 诺曼人（瑞典人）侵犯路线
- 公元9世纪末丹麦侵占领地
- 1017～1035年的克努特帝国
- 11世纪初诺曼底公国界
- 1066年威廉征服路线
- 神圣罗马帝国疆界

维京人

维京人又称诺曼人、北欧人，战斗力极强，心狠手辣。

维京人的发型

利于清洁

冰洲石

这是一种特殊的透明石头，在维京传说中被称为“太阳石”。维京人借助它在大雾天或阴天找到太阳的方位。

维京服饰

维京长屋

屋顶铺满干草用于阻挡寒风

尤姆斯战士团

以渡鸦旗为标志的军事团体

御林军

这支军队由信奉基督教的富家子弟和贵族后裔组成，有严格的纪律，对国王忠心耿耿。

盾墙

抵挡箭雨

硬木盾

实施进攻

克努特大帝

他建立了北海帝国（盎格鲁-斯堪的纳维亚帝国）

祭司

他为出征前的维京人进行占卜和祝福

征服者威廉

诺曼底公国的元首威廉征服了英国，当上了英王，同时身兼法国公爵，向法国国王效忠。这种奇怪的局面引起了英法两国长期的领土纠纷和战争。

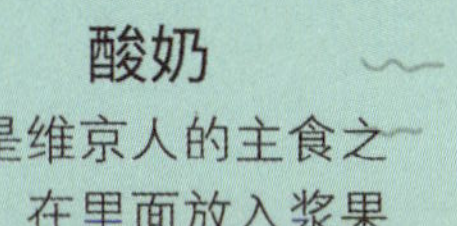

酸奶

这是维京人的主食之一，在里面放入浆果

腌鱼

维京人把鱼放到浓盐水中煮，之后经过自然发酵，能让鱼肉保存很长时间，但其间会产生恶臭。

挪威王国

瑞典王国

苏格兰

北海

波罗的

爱沙尼亚人

立陶宛人

尔
兰
英格兰王国
诺曼底
德意志王国
普鲁士人
维京战斧
基辅罗斯
维京勇士
毒蝇伞
有理论认为狂战士在作战前食用这种蘑菇，它能麻痹人的神经，让人不知伤痛，甚至变得狂躁。
波兰王国
捷克公国
狂战士
这是北欧神话中的一种战士，能够进入一种类似催眠的状态，以狂暴的姿态去战斗。
匈牙利王国
维京头盔
越有钱的维京人头盔越华丽
瓦拉几亚人
贝奥武夫
他是北欧神话中的英雄，杀死了捉食维京人的怪物格伦戴尔，被百姓拥戴为丹麦国王。
贝叶挂毯
这个挂毯全长70米，用刺绣的方式记载了威廉征服英格兰的故事。
法兰西王国
勃艮第王国
克罗地亚王国
教皇国
保加利亚
拜占庭帝国
爱琴海
莱昂王国
纳瓦尔王国
科尔多瓦哈里发国
奥丁
奥丁是北欧神话的主神。传说英勇战死的维京人会进入奥丁居住的英灵殿，永远幸福地生活下去；因此维京人作战时视死如归，不怕牺牲。
维京护身符
维京护身符是保护维京人航海安全的符号，通常被刻在船上或被制成护身符。
地中海
瓦尔基丽
她是负责引导战死的人进入英灵殿的维京女武神
索尔
索尔是维京雷神。在海上航行遇到恶劣天气时，维京人会向索尔祈祷。
渡鸦
传说渡鸦是奥丁的使者，象征着奥丁信仰。
《盎格鲁-撒克逊编年史》
记载公元9～12世纪英格兰历史的编年体史书

欧洲

维京时代简史

1 贝奥武夫

传说，北欧勇士贝奥武夫杀死了经常捉食维京人的妖怪，深受百姓拥戴，成为维京的第一个国王，统治国家50年。垂暮之年的贝奥武夫杀死了喷火巨龙，但也因此身受重伤而亡。

2 洗劫英格兰

后来，维京人变成专业的海盗团伙。他们的初次海盗行动是突袭英格兰东海岸，洗劫教堂，烧毁城市。从这时起，长达300年的“维京时代”正式开始。

3 围攻巴黎

公元845年，5000多名维京勇士驾驶着120艘战船包围巴黎，用残忍的方式处死俘虏。法军见了十分害怕，不敢和维京人作战，法国国王只好缴纳大量的赎金才保住巴黎。

4 征服英格兰

公元865年，无人能敌的维京人征服英格兰，在约克郡（今英国北部）建立都城，实行统治。13年后，英格兰百姓起义，维京海盗才被赶走。

5 诺曼底公国建立

之后，维京大军再次兵临巴黎。法国国王自知无法抵挡，只得割让法国北部的大片领土。维京人在那里建立了诺曼底（意为“北方人生活的地方”）公国。

7 到达美洲

先后占领冰岛、格陵兰岛的维京人又继续西行，在北美洲建立起殖民地（今加拿大纽芬兰）。维京人定居美洲10多年，抵挡不住北美土著的侵扰，最终放弃了美洲大陆。

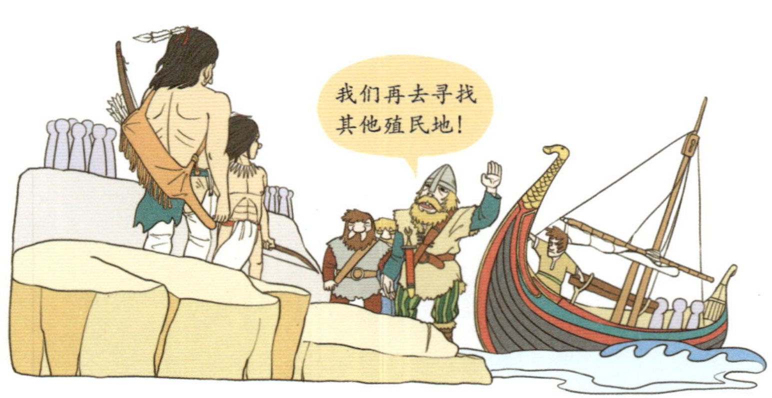

6 丹麦王国建立

公元965年，维京领袖“蓝牙王”哈拉尔一世以武力统一丹麦，建立了丹麦王国。他还把基督教引进来，取代维京人的原本信仰，让维京人逐渐放弃了海盗生活。

洗劫英格兰	围攻巴黎	征服英格兰	维京人建立挪威王国	诺曼底公国建立	中国北宋建立
公元793年	公元845年	公元865年	约公元9世纪	公元911年	公元960年

8 再次征服英格兰

“蓝牙王”死后，他的儿子“八字胡”斯韦恩一世再次入侵英格兰。为了保命，英格兰人纷纷投降。斯韦恩一世在伦敦被加冕为英格兰国王。

9 北海大帝

斯韦恩死后，克努特继位，一统欧洲北海沿岸地区，被称为“北海大帝”。克努特去世后，北海帝国分裂瓦解，英格兰再次独立。

10 威廉征服

1066年，诺曼底大公威廉率军队横渡英吉利海峡，入侵刚独立不久的英格兰，并轻松取胜。随后他自封为英格兰国王，建立诺曼王朝。

11 英法争端的伏笔

英格兰国王威廉，还身兼法国的诺曼底大公，需要向法国国王宣誓效忠，这种局面十分尴尬，为之后两国频繁爆发争执和战争埋下伏笔。

拜占庭帝国
图格里勒伯克之墓
塞尔柱帝国建立者的陵墓
黑 海
纳仁
肉汤煮面片，将肉和面片捞出食用。
卡特拉玛
把烤熟的面饼蘸酸奶食用
千层饼
女武士
底格里斯河
幼发拉底河
地 中 海
大马士革
耶路撒冷
巴格达
突厥骑兵
头盔
锁子甲
战锤
盾牌
古拉姆禁卫军
塞尔柱突厥帝国最精锐的部队
尼罗河
战锤
突厥骑兵的近战武器
突厥重骑兵
马面盔甲
用于保护马匹头部
突厥弓
这是世界上最早的反曲复合弓，射程达400米左右。
红 海
长矛
弯刀
图格里勒伯克
突厥联盟领袖图格里勒伯克改国名为“塞尔柱”

·亚洲· 中亚强国

中亚位于亚洲中部内陆地区。丝绸之路兴起之后，中亚作为东方和西方贸易中枢，是兵家必争之地，中国、波斯、阿拉伯都曾先后统治过中亚。中亚气候干燥，游牧业发达，突厥人自古以来在此以游牧为生，他们吃苦耐劳，生活方式十分适合战争。1037年，突厥人建立了塞尔柱帝国，并皈依伊斯兰教，迅速发展为欧亚霸主。

亚洲

中亚强国简史

1 突厥西迁

公元657年，大唐名将苏定方征讨西域，攻破西突厥。为了摆脱唐军追击，剩下的西突厥人不断向西迁徙。

2 突厥雇佣兵

一队突厥人迁徙到喀喇汗国。他们吃苦耐劳、能征善战，很快就被喀喇汗国收为雇佣军，逐渐掌握了喀喇汗国的军权。

3 塞尔柱突厥帝国建立

突厥领袖图格里勒伯克起兵造反，占领了波斯和中亚大部分地区，建立了塞尔柱突厥帝国。图格里勒伯克表面上臣服于阿拉伯帝国，实际上已完全独立。

4 占领巴格达

于是，塞尔柱人攻下白益王朝统治下的巴格达，其势力进一步向西亚进发。

5 曼齐刻尔特战役

塞尔柱人还频繁劫掠东罗马帝国边境，最终两国爆发了战争。塞尔柱苏丹阿尔斯兰率军始终不正面开战，而是在一定距离外射杀对手，最后从四面八方发起围攻，罗马军因此土崩瓦解，领军的东罗马皇帝被俘。

6 傲慢的代价

阿尔斯兰击败东罗马军队后，自认为天下无敌。在第二年攻打喀喇汗国时，竟要和敌方俘虏决斗，正在他挽弓搭箭时，脚滑了一下，把箭射偏了，被俘虏用匕首刺死。

突厥西迁	塞尔柱突厥帝国建立	占领巴格达	曼齐刻尔特战役	第一次十字军东征	卡特万战役	第二次十字军东征	第三次十字军东征
公元657年	1037年	1055年	1071年	1096年	1141年	1147年	1189年

7 卡特万战役

1141年，塞尔柱突厥帝国与西辽在卡特万草原（今哈萨克斯坦东部）对峙，被西辽皇帝耶律大石击溃。遭受沉重打击的塞尔柱突厥帝国就此一蹶不振。

8 花剌子模独立

塞尔柱突厥帝国战败后，属国花剌子模脱离其统治，趁机向西辽称臣。在西辽的支持下，花剌子模抢走塞尔柱突厥帝国大半领土，成为中亚强国。

9 花剌子模灭亡

成吉思汗灭掉西辽后，派遣450人的通商使团前往花剌子模。结果花剌子模杀掉使团，抢走财宝。成吉思汗大怒，出兵消灭了花剌子模。

10 抵御十字军

被逐出中亚后的塞尔柱人，一部分留在了安纳托利亚半岛（今土耳其），建立了“罗姆苏丹国”。罗姆苏丹国数次击退欧洲十字军，并攻入东罗马帝国境内，强迫罗马人纳贡。

11 克塞山之战

好景不长，伊儿汗国（蒙古四大汗国之一）入侵安纳托利亚半岛，击溃罗姆苏丹国。从此，罗姆苏丹国成为伊儿汗国的附庸。

花剌子模独立	第四次十字军东征	**成吉思汗建立蒙古汗国**	花剌子模统一中亚	第五次十字军东征	花剌子模灭亡	第六次十字军东征	克塞山之战
1194年	1202年	1206年	1215年	1217年	1221年	1228年	1243年

亚洲

蒙古帝国

800多年前，蒙古部族在成吉思汗和他的子孙们的率领下，以强大的骑兵优势，东征西讨，建立了一个横跨亚欧大陆，版图空前辽阔的蒙古帝国。蒙古骑兵西边最远打到了维也纳近郊，北边打到了莫斯科，南边打到了真腊（今缅甸），东边打到高丽（今朝鲜）。

重骑兵装备

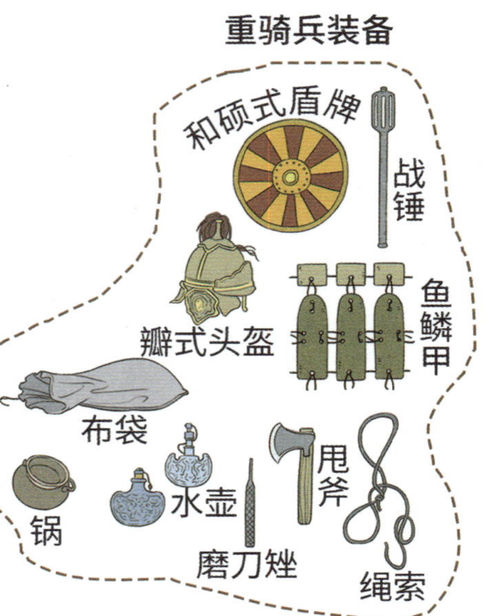

重骑兵

他们的主要兵器是长枪，当敌人被弓箭杀伤大半时，再去拼杀。

围猎

春夏之季，蒙古人会组织大规模狩猎，锻炼骑马、射箭等技巧。

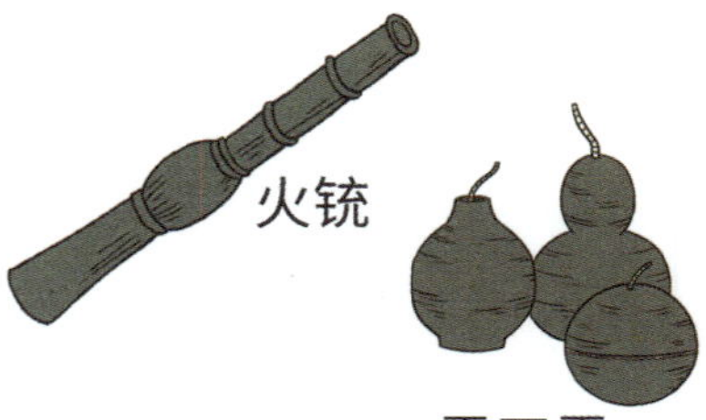

中国人发明的火药和火器（火铳、震天雷），由蒙古人传播到了欧洲。

元宝钞

世界上最早的单一流通纸币

苏鲁锭

象征战神的蒙古军队旗帜

马头琴

马奶酒

《蒙古秘史》

长生天

蒙古人信奉的至高无上的天神

蒙古士兵

敖包

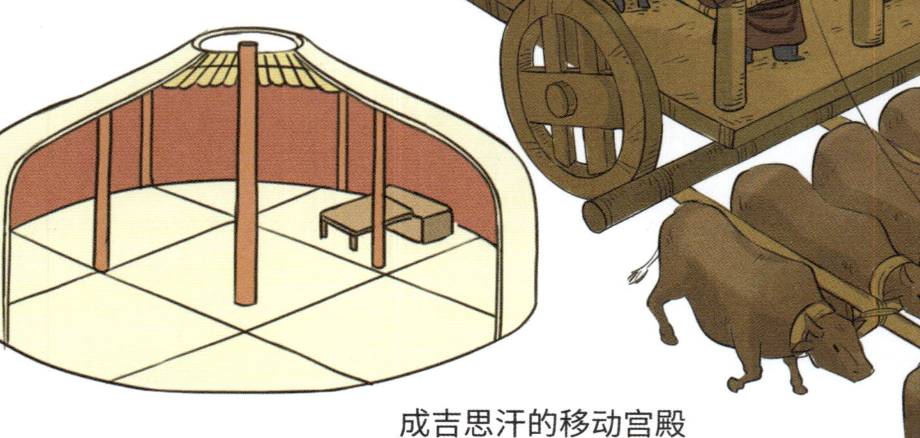

成吉思汗的移动宫殿

宫殿是一个建在巨大木车上的蒙古包，能容纳50多人。

轻骑兵
他们配有两把弓、60支箭，在30米内能射穿欧洲重骑兵的盔甲。战斗中，轻骑兵远射、诱敌，重骑兵进行歼灭。

曼古歹
这是一种蒙古军最喜欢使用的战术，核心就是佯装溃逃，诱使敌人追击，再从远处用箭攻击敌人。

怯薛军
蒙古汗国及元朝的禁卫军

那颜
成吉思汗把蒙古划分成了95千户，认命88位开国功勋为千户那颜。

那达慕大会
这是蒙古族的运动会，主要项目为骑马、射箭、摔跤。

蒙哥
蒙古帝国最后一位大汗

黄金家族
这是蒙古汗国的最高统治集团，指成吉思汗及其后裔。元朝后又特指拖雷乃至忽必烈一系的后裔。

忽必烈
元世祖忽必烈是成吉思汗的孙子，建立了元朝。

忽里勒台大会
蒙古部落推举大汗、商讨征战等重要事宜的大型会议

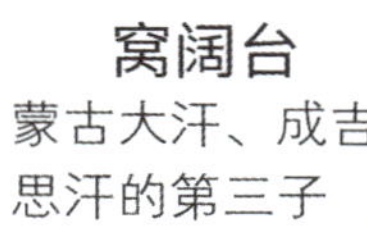

窝阔台
蒙古大汗、成吉思汗的第三子

成吉思汗
（1162～1227年）
孛儿只斤·铁木真（蒙古语“精钢”的意思）

站赤
元朝的驿传制

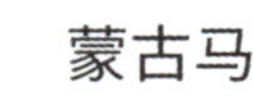

蒙古马
这种马矮小精壮，耐严寒和饥饿。

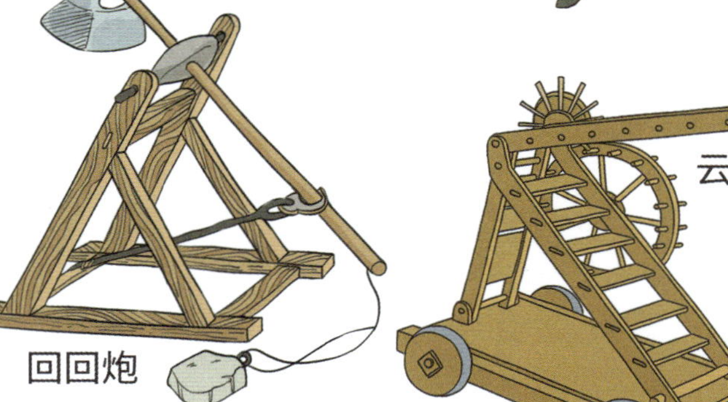

蒙古军的攻城武器
为适应攻城需要，成吉思汗组建了炮军，攻城以炮石为先。

亚洲·蒙古帝国简史

1 蒙古部落西迁

唐朝时期，在中国大兴安岭附近生活着一个人游牧民族——蒙兀室韦。后来，他们在其部落首领及其妻子的带领下，迁到蒙古高原。

2 蒙金世仇

蒙古曾是金朝的藩属。金朝为削弱蒙古人的力量，遂挑拨蒙古与其他部落的关系。成吉思汗的先祖——俺巴孩因此被杀死。

3 成吉思汗崛起

1206年，铁木真统一蒙古各部，被推举为“成吉思汗”（意为“拥有四海的汗”），建立了蒙古汗国。

4 野狐岭之战

铁木真把“灭金”作为首要任务。1211年，成吉思汗率领10万蒙古铁骑在野狐岭歼灭50余万金国大军，俘获马匹百万。金国再也无力抵抗蒙古铁骑。

5 讹答剌事件

1217年，成吉思汗派遣商队到花剌子模进行贸易。花国讹答剌城城主见财起意，抢走财宝，屠杀商队。

哲别

6 灭西辽

成吉思汗为了掌握中亚和西域的商贸路线，派大将哲别率2万蒙古军西征，灭亡西辽。

7 讨伐花剌子模

因商队被屠杀，愤怒的成吉思汗亲率10万蒙古大军出征花剌子模，花剌子模灭亡。

蒙古部落西迁	成吉思汗崛起	野狐岭之战	讹答剌事件	灭西辽	花剌子模灭亡 察合台汗国建立	窝阔台汗国建立	成吉思汗灭西夏
约公元700年	1206年	1211年	1217年	1218年	1222年	1225年	1227年

8 察合台汗国和窝阔台汗国

灭亡西辽和花剌子模后，成吉思汗将其故地（包括今天新疆和中亚西部的土地）分给了自己的儿子察合台和窝阔台，二人分别建立了察合台汗国和窝阔台汗国。

12 建立金帐汗国

窝阔台去世后，其子贵由继任大汗。堂兄拔都与贵由长期不和，趁机独立，建立金帐汗国，统治着里海、咸海沿岸，并占领东欧和中欧的广大地区。

我死后要秘不发丧，不要撤军，等攻下西夏后，为我报仇。

9 成吉思汗之死

1225年，成吉思汗对西夏发动全面战争。1227年夏，在围困西夏首都时，成吉思汗突然病逝。

13 灭阿拉伯帝国

1258年，蒙古西征阿拉伯帝国，攻下首都巴格达。蒙古骑兵将末代哈里发裹在毛毯里，纵马践踏而死。

10 灭西夏

蒙古军依照成吉思汗的遗愿秘不发丧，直到西夏投降。蒙古军杀掉西夏皇帝，屠戮西夏都城，从此西夏民族消失于史册。之后，窝阔台继任新的大汗。

西夏

14 汗位之战

蒙哥死后，他的两个亲弟弟——忽必烈和阿里不哥争夺“大汗”宝座，忽必烈获胜，但“四大汗国”不再听从忽必烈的号令，大蒙古国名存实亡。

忽必烈

阿里不哥

11 远征欧洲

1235年，拔都率军远征欧洲，先后占领了莫斯科、基辅，入侵波兰、立陶宛、摩尔多瓦与匈牙利王国，大败神圣罗马帝国联军，前锋一度进军到维也纳近郊。

15 建立伊儿汗国

忽必烈册封其弟旭烈兀为伊儿汗，旭烈兀建立伊儿汗国（今中亚南部至西亚一带）。

16 “蒙古人世纪”结束

“四大汗国”占地虽广，但其政治、地理、社会环境都较复杂，蒙古贵族统治松散，很快被推翻，元朝也在农民起义的巨浪中覆灭。“蒙古人世纪”就此结束。

蒙古征服高丽	灭金	远征欧洲	拔都占领基辅	入侵波兰、匈牙利	金帐汗国建立	灭阿拉伯帝国	汗位之战	建立伊儿汗国
1231年	1234年	1235年	1240年	1241年	1242年	1258年	1260年	1264年

北
海
皇帝煎饼
炸猪排
米拿起咖啡
汉堡
布鲁塞尔
布拉格
维也纳
金币
奎德林堡城堡
该城堡是神圣罗马帝国早期古堡，后来发展为城镇。
圣牌
黄金地球仪
黄金镜台
腓特烈一世
他的外号是“巴巴罗萨”（意为“红胡子”），性格残暴，杀人如麻。
黄金诏书
该诏书明确了神圣罗马帝国选帝侯制度
欧根亲王
神圣罗马帝国陆军元帅——欧根亲王在维也纳之战中大破奥斯曼大军，被誉为“欧洲战神”。
弗朗茨二世
弗朗茨二世试图重振帝国雄风，但遇到了不可战胜的对手——拿破仑。
玛丽王后
皇帝弗朗茨一世的子女与各个王室联姻，其中最有名的是法国国王路易十六之妻——玛丽王后。
莫扎特
维也纳古典乐派作曲家
海顿
维也纳古典乐派奠基人
马丁·路德
宗教改革首倡者
亨利一世
亨利一世是奥托一世的父亲。传说他当选为东法兰克国王时正在捕鸟，所以大家送他一个外号“捕鸟者”。
美泉宫
美泉宫是帝国的行宫之一，位于维也纳。
维也纳咖啡馆
欧洲最古老的咖啡馆
克洛斯特新堡
这是神圣罗马帝国最大的修道院克洛斯特新堡，被誉为“修道院小镇”。
重装骑士
全身覆盖盔甲的骑士
枪骑兵
装备手枪的重骑兵
轻骑兵
火枪手
装备燧发枪的步兵
长戟兵
装备长戟的重步兵
书记员
印刷术发明前的书籍都是由书记员抄录而成的

欧洲 神圣罗马帝国

神圣罗马帝国建立于公元962年，横跨大半个欧洲版图，涵盖今天的德国、奥地利、捷克、匈牙利、意大利、荷兰、比利时等国家。领土约90万平方千米，人口约2500万，最后变成了由数百个小国组成的政治联盟。1806年，拿破仑彻底摧毁了神圣罗马帝国。

欧洲 神圣罗马帝国简史

1 萨克森王朝

萨克森公爵亨利一世取得了东法兰克王国王位，建立了萨克森王朝。

2 第一次列希菲德战役

中欧的马扎尔人（今匈牙利人的祖先）横扫巴伐利亚，甚至渡过莱茵河。东法兰克王国一时难以抵御侵袭，主动求和，并向马扎尔人交纳年贡，双方九年内互不侵犯。

3 第二次列希菲德战役

合约期满，东法兰克王国拒绝再向马扎尔人纳贡，于是马扎尔人再次侵略东法兰克王国。亨利一世将马扎尔人击溃。

4 神圣罗马帝国

为了反抗当时意大利国王对教皇国的染指，教皇若望十二世向奥托求援。奥托一世进军罗马，帮助教皇稳定了局势。教皇出于感激，为奥托加冕，授予他“神圣罗马皇帝”的称号。从此，东法兰克王国的国王成了查理帝国的继承人，在中世纪到近代，它又被称为“神圣罗马帝国”。

5 主教叙任权斗争

传统上，神圣罗马帝国皇帝有任命他管辖区域内的主教和其他神职人员的权力，但教皇试图将这种权力收回到教会手中。1076年，教皇格列高利七世与亨利四世就任命教会圣职（叙任）的权力发生争执，教皇宣布开除亨利四世的教籍。后亨利四世穿着悔罪人的衣服在教皇所在的卡诺莎城堡下等候了三天三夜，才获得赦免，从而保住皇位。

6 腓特烈一世

腓特烈一世于1155年加冕为神圣罗马帝国皇帝，在位期间为了征服伦巴第各城市，使这些富饶的地区成为帝国的税收来源，曾六次远征意大利。

萨克森王朝开始	第一次列希菲德战役	第二次列希菲德战役	神圣罗马帝国建立	主教叙任权斗争	腓特烈一世加冕为神圣罗马帝国皇帝	腓特烈一世东征途中落水溺亡	大空位时代开始
公元919年	公元924年	公元933年	公元962年	1076年	1155年	1190年	1254年

7 大空位时代

1254～1273年，皇位虚悬20年，其间没有一位国王得到贵族的普遍认可，贵族们竞相把帝国土地据为己有。帝国分裂出390多个邦国。正如恩格斯所说：“一年有多少天，德意志就有多少个国家。”

8 选帝侯制度建立

1356年，查理四世颁发黄金诏书，宣布神圣罗马帝国皇帝不再需要被教皇承认，并任命境内七大诸侯国的首脑担任选帝侯，有权通过选举成为神圣罗马帝国的皇帝。

9 宗教改革

1517年，神学家马丁·路德提出《九十五条论纲》，抵制教会腐败，宣扬“只有上帝才能免罪”，宗教改革运动自此开始。

10 德意志农民战争

1524～1526年，德意志农民爆发了大规模的反封建起义，参与者除了农民和城市贫民外，还有市民和矿工。鼎盛时期农民军约有10万人，但起义最终被贵族联军镇压。

11 三十年战争

其实，宗教改革运动后，天主教徒和新教徒尖锐对立，德意志诸侯也分别组成新教联盟和天主教同盟，持续混战30年。在此期间，神圣罗马帝国的统治基础彻底瓦解。

12 威斯特伐利亚体系建立

以三十年战争为代表的宗教战争在欧洲大陆上愈演愈烈，死伤无数，这些战争也将很多欧洲国家牵扯进来。后来，各方都不愿意战争再继续下去，便签订了《威斯特伐利亚和约》。各国以信仰为标准，在中欧和北欧划分出了一些新的国家和地区。“神圣罗马帝国皇帝”仅作为荣誉称号保留下来。

13 三皇会战

1805年，法兰西帝国皇帝拿破仑、俄罗斯帝国沙皇亚历山大一世、神圣罗马帝国皇帝（奥地利国王）弗朗茨二世之间爆发大战，法军大败俄奥联军。1806年，“神圣罗马帝国皇帝”的称号被废除。

选帝侯制度建立	**中国明朝建立**	宗教改革	德意志农民战争	三十年战争开始	威斯特伐利亚体系建立	三皇会战
1356年	1368年	1517年	1524年	1618年	1648年	1805年

欧洲·奥斯曼帝国

奥斯曼土耳其人发源于游牧在中亚的西突厥部落，随着军事力量变得强大，他们不断对外扩张并建立独立国家。欧洲暴发黑死病时，1/3的人口死亡，各国虚弱不堪。奥斯曼土耳其人乘机抢占地盘，用巨炮攻陷了东罗马帝国首都君士坦丁堡，改称其为伊斯坦布尔，并定都于此。后来的奥斯曼帝国逐渐征服了地中海沿岸和东欧各地，掌控着东西方贸易。

咖啡壶

咖啡杯

天鹅绒宝石腰带

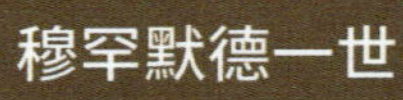

桨帆船

奥斯曼人控制地中海的重要工具

图例	
1512年的奥斯曼帝国	
塞里姆一世的扩张（1512～1520年）	
苏里曼一世的扩张（1520～1566年）	
1566年后的扩张	
1672年奥斯曼帝国疆界	

苏丹佩刀

穆罕默德一世

（1389～1421年）

他是奥斯曼帝国第五位苏丹，以武力统一帝国后，并以武力镇压手段巩固了帝国的统治，故享有“天之子”之称。

土耳其重骑兵

他们也被称为卡皮库鲁骑兵、中央禁军，拥有强大的防护力，经常令对手闻风丧胆。

香炉

水壶

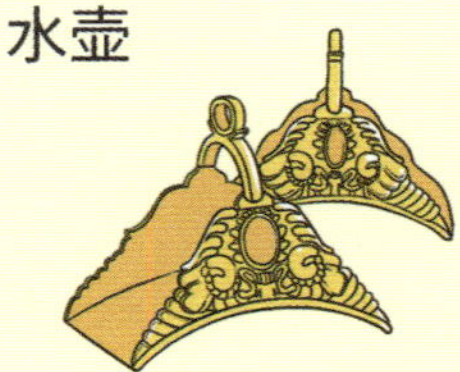

金马镫

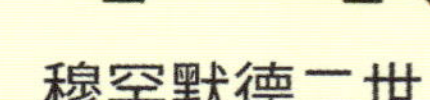

穆罕默德二世

这位奥斯曼帝国苏丹，年仅21岁就率领帝国军队攻陷了君士坦丁堡，灭亡了东罗马帝国。

金汤碗
黑
海
伊斯坦布尔
爱
琴
海
海
海雷丁
他原是一个著名的海盗，后在奥斯曼帝国的支持下成为阿尔及利亚的苏丹。
金笔
第比利斯
里
海
安纳托利亚式头盔
土耳其薄饼
土耳其软糖
土耳其丸子
土耳其烤肉
底
格
里
斯
河
幼
发
拉
底
河
大马士革
耶路撒冷
开罗
波
斯
湾
近卫军
军队由东欧奴隶和俘虏中选拔的孩子组成。他们作战勇猛，是奥斯曼军队的常备军，也是作战的主力部队，又被称作“耶尼切里”。
宝石铜镜
洗浴木屐
尼
罗
河
奥斯曼使臣
红
海
乌尔班大炮
我是伊斯兰的亚历山大大帝。
蒂菲克
镶有金银花纹的奥斯曼风格火枪
苏里曼一世
奥斯曼帝国在位时间最长的苏丹，被誉为“卡努尼”（立法者）。在他的统治下，奥斯曼帝国进入全盛时期。奥斯曼帝国的舰队称霸地中海、红海和波斯湾。

欧洲

奥斯曼帝国简史

1 奥斯曼帝国建立

蒙古崛起时，奥斯曼土耳其人依附于罗姆苏丹国。奥斯曼一世趁着罗姆苏丹国国力衰弱，率领族人独立，还抢走罗姆苏丹大片领土，建立奥斯曼帝国。这支土耳其人被称作奥斯曼土耳其人。

2 近代化军事改革

奥斯曼一世死后，他的儿子乌尔汗继位。乌尔汗完善国家制度，建立了世界上第一支常备军——近卫军。后来，这支军队成为奥斯曼帝国对外扩张的主力军。

3 科索沃战役

有了正规军的奥斯曼帝国进军欧洲，想要兼并巴尔干半岛，于是出兵攻占塞尔维亚王国，在科索沃平原上激战。之后，塞尔维亚刺客成功刺杀穆拉德一世。但巴耶塞特在战场继位，重振军队，大破塞军。

4 尼科波利斯战役

1396年欧洲诸国组织了中世纪最后一次十字军东征，在多瑙河尼科波利斯（尼科堡）遭遇奥军，结果一触即溃，大量欧洲贵族被俘。奥斯曼帝国向组织十字军的各国首领索要巨额赎金。

5 攻陷君士坦丁堡

1453年，奥斯曼军队以乌尔班大炮轰开君士坦丁堡厚重的城墙，东罗马帝国灭亡。此后，奥斯曼帝国定都君士坦丁堡，并将它改名为伊斯坦布尔。

6 瑞达利亚战役

1517年，奥斯曼土耳其人南下攻打埃及马穆鲁克王朝，用火枪、大炮终结了马穆鲁克雇佣兵不败的神话。帝国势力范围扩展到红海沿岸。

7 罗得斯岛围攻战

苏里曼大帝登基后，围城攻打罗得斯岛，击败威尼斯人，夺得东地中海霸权。

奥斯曼帝国建立	近代化军事改革	中国明朝建立	科索沃战役	尼科波利斯战役	攻陷君士坦丁堡	瑞达利亚战役	罗得斯岛围攻战
1299年	1330年	1368年	1389年	1396年	1453年	1517年	1522年

8 征服匈牙利

苏里曼大帝的近代化军队又征战“欧洲之盾”匈牙利，大获全胜，控制了匈牙利王国的大片领土。此后，欧洲各国纷纷效仿奥斯曼帝国，组建火枪兵为主的近代化军队。

9 征服阿拉伯半岛

后来奥斯曼帝国不仅攻下巴格达，占领两河流域，还南下征服整个阿拉伯半岛。

10 阿曼湾海战

之后，奥斯曼帝国海军故步自封，没改进技术，在阿曼湾与葡萄牙舰队海战时，遭遇灵活的新型军舰，丧失了制海权。

11 维也纳之战

1683年，奥斯曼帝国趁着哈布斯堡王朝在三十年战争中元气大伤，挥军攻打维也纳，意图染指中欧。但却输给了前来救援的波兰-奥地利-德意志联军。此战阻止了奥斯曼帝国继续向外扩张的野心，也为帝国由盛转衰埋下伏笔。

12 《伊斯坦布尔条约》

奥斯曼帝国与俄罗斯帝国在二百多年间爆发十多次大战。第二次俄土战争结束后，俄国与奥斯曼签订《伊斯坦布尔条约》，获得亚速要塞这个通向黑海的出海口。

13 奥斯曼帝国瓦解

第一次世界大战前夕，奥斯曼帝国为了自保，请求加入协约国却被拒绝，愤而转向同盟国，结果同盟国战败。1919年的巴黎和会上，奥斯曼帝国被分裂成40多个国家。

14 土耳其共和国成立

1923年，凯末尔重挫英、法、希联军，为避免奥斯曼沦为殖民地，之后又罢黜苏丹，成立土耳其共和国。

征服匈牙利	征服阿拉伯半岛	阿曼湾海战	维也纳之战	奥俄战争	奥斯曼帝国瓦解	土耳其共和国成立
1526年	1536年	1554年	1683年	1700年	1922年	1923年

地图上的世界历史百科 下

洋洋兔 / 编绘

中国大百科全书出版社

图书在版编目（CIP）数据

地图上的世界历史百科．下 / 洋洋兔编著．-- 北京：中国大百科全书出版社，2024.5

ISBN 978-7-5202-1513-8

Ⅰ．①地… Ⅱ．①洋… Ⅲ．①世界史－少儿读物 Ⅳ．①K109

中国国家版本馆CIP数据核字（2024）第076910号

审图号：GS（2023）4092号

地图上的世界历史百科（下）

出 版 人：刘祚臣
责任编辑：陈莎日娜
责任美编：郑若琪
营销编辑：宋金煜
责任印制：邹景峰

出版发行：中国大百科全书出版社
社　　址：北京市阜成门北大街17号
（编辑部电话：010-88390759　发行部电话：010-88390628　邮政编码：100037）
网　　址：http://www.ecph.com.cn
印　　刷：北京瑞禾彩色印刷有限公司
开　　本：787毫米×1092毫米　1/8　全书印张：23.5
版　　次：2024年5月第1版
印　　次：2024年5月第1次印刷
书　　号：ISBN 978-7-5202-1513-8
定　　价：298.00元

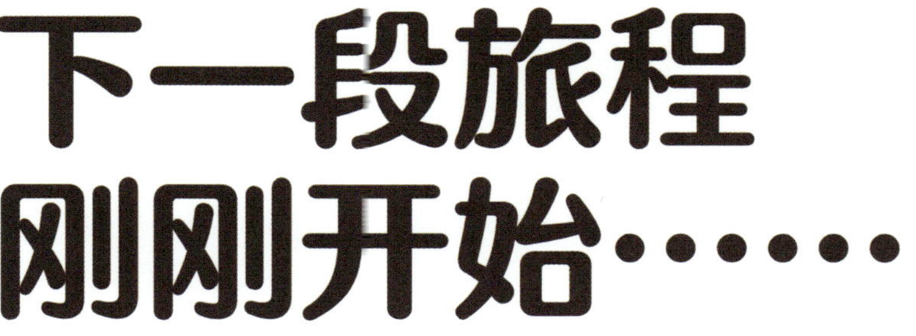
下一段旅程
刚刚开始……

朵朵，你觉不觉得没有联系的世界像一片漂在水上的三叶草，亚洲、欧洲和非洲是分离的三片叶子，其余地方什么都没有。
看，哥伦布发现了新大陆，世界马上要连为一体了！

那我们跟着麦哲伦和他的船队去环游世界吧！
太好了！

目录

大航海时代

15世纪到17世纪，欧亚大陆的主要国家开始了海上大探索，这段时间被称为“大航海时代”，其间的一系列航海活动被称为“地理大发现”。这时涌现出了郑和、达·伽马、麦哲伦和哥伦布等著名的航海家，世界各地的联系日益紧密。

北　冰　洋
巴伦支1596
郑和远航团队VS哥伦布远航团队
在古代，远航是需要各方面物质保障的，航海人数的多少从侧面反映了一个国家的综合国力。郑和每次远航西洋的人数都在2.7万人以上，而哥伦布、达·伽马和麦哲伦的船队人数则分别是约90人、170多人和265人。时间方面，郑和下西洋比哥伦布到达美洲大陆早87年，比达·伽马发现新航路早93年，比麦哲伦到达菲律宾早116年。
利玛窦
他是明朝时期来华的意大利传教士，精通儒学，被称为“泰西儒士”。
欧洲
汤若望
他来自神圣罗马帝国，明清时在华传教47年，带来了先进的天文科学，一生没有回到家乡。
郑和宝船
亚　洲
哥伦布航船
太
郑和
中国明朝航海家
平
洋
达·伽马1498
卡布拉尔1500
非
洲
塔斯曼1644
印　度　洋
大　洋　洲
麦哲伦的船员1522
达·伽马
葡萄牙航海家、探险家达·伽马曾沿着迪亚士的航线继续向前，到达印度西海岸的卡利卡特，之后载着大量香料、丝绸、宝石和象牙等货物返抵葡萄牙里斯本。
塔斯曼1642
欧洲列强
大航海时代，欧洲国家通过海上贸易和殖民掠夺，变得十分富有。之后，葡萄牙、西班牙、英国、法国、荷兰、俄国、奥地利、意大利和德国接连称霸，这9个国家被统称为“欧洲列强”。

欧洲·地中海商业城邦

从约1100年开始，以意大利半岛为代表的地中海地区出现了许多文化繁荣、经济发达的商业城邦。其中，意大利人充满创新进取、冒险求胜的精神，他们以复兴希腊、罗马文化为目标，发起了文艺复兴运动，这一运动迅速扩展到欧洲各国，揭开了欧洲近代历史的序幕。

比萨斜塔
斜塔位于托斯卡纳的比萨城，是比萨大教堂的钟楼，由于地基不均匀沉降、基础不够坚实而逐渐倾斜。
丹多洛
带着十字军攻陷东罗马帝国首都君士坦丁堡的威尼斯总督
匈牙利王国
圣母百花大教堂
这一教堂位于佛罗伦萨
米兰大教堂
这一教堂位于米兰，是世界上第二大教堂，修建历时500多年。
威尼斯
炸饭团
比萨饼
空心粉
意大利面
9
圣马力诺
国
波斯尼亚王国
弗罗林
这本是佛罗伦萨共和国的金币，后被欧洲各国仿造，成为欧洲中世纪的主要货币。
教皇国
威尼斯银行
欧洲古老的银行
塞尔维亚王国
包塔
威尼斯政府在举行会议时要求市民戴着这样的面具匿名发表意见，后来这种面具演变为威尼斯狂欢节中的标志性物品。
罗马
歌剧
佛罗伦萨人改良古希腊戏剧，创造出流行全世界的歌唱戏剧。
走，上罗马抢劫去。
那不勒斯
解剖学
这是当时的一种新兴学科，意大利人会花钱参观医生解剖尸体。
瑞士长矛兵
意大利的雇佣军主力之一
罗马之劫
1527年，西班牙和神圣罗马帝国军队洗劫了罗马，意大利北部受到严重打击，文艺复兴逐渐进入尾声。
（1442年起属阿拉贡）
那不勒斯王国
意大利重骑兵
西西里岛
（1282年起属阿拉贡）
中
克罗地亚轻骑兵
意大利雇佣兵主力之一
海
弩兵
他们作战时会在前排竖起帕西斯盾牌进行防御
帕西斯盾牌

欧洲·地中海商业城邦简史

1 城邦兴起

查理帝国分裂后，意大利半岛上的城市纷纷独立，建立城邦国家，并逐渐掌控地中海的香料贸易，成为欧洲的经济中心。当时亚平宁半岛北部仅威尼斯一个城市的税收就超过了整个英格兰。

2 伦巴第联盟

神圣罗马帝国皇帝腓特烈一世觊觎亚平宁半岛各个城邦的富庶，借故入侵意大利，还曾将米兰变为废墟。1167年，意大利北部的伦巴第地区城邦组成伦巴第联盟，共同抵御外敌，并得到教皇的支持。

3 城邦独立

神圣罗马帝国大空位时期，意大利各城邦纷纷独立。其中佛罗伦萨的实力最为强大，占据地中海贸易的大半份额。

4 威尼斯-热那亚战争爆发

威尼斯与热那亚为争夺贸易霸权进行了一场持续一百多年的海陆战争。最后威尼斯取得胜利，成为海上超级大国。

5 黑白党之争

13世纪末，教皇在与神圣罗马皇帝争权夺势的过程中逐渐占了上风，佛罗伦萨出现了支持城市独立、不受制于教皇的富裕市民“白党”和希望借助教皇势力的没落贵族“黑党”。

文艺复兴三杰

6 文艺复兴运动开始

14世纪初，意大利的艺术家和建筑师受到古希腊和古罗马艺术的启发，开始以不同的风格进行创作，文艺复兴运动开始。

7 黑死病暴发

1347年，黑死病暴发，并迅速席卷欧洲，佛罗伦萨受到重创。而热那亚与威尼斯损失较小，趁机抢走了佛罗伦萨的贸易份额。

8 美第奇家族的统治

自15世纪起，美第奇家族开始统治佛罗伦萨，其势力在之后的数百年里不断扩大，最终成为一支可以比肩王侯的欧洲豪门贵族。在其统治下，佛罗伦萨逐渐成为欧洲最重要的城市之一。

9 威土战争

威尼斯的旧敌热那亚已日薄西山，一支新的劲敌又出现在东方的地平线上，那就是奥斯曼土耳其人。15世纪60年代后，威尼斯共和国与奥斯曼帝国爆发了一系列战争，最终威尼斯失去了在东地中海的霸主地位。

10 意大利战争

15世纪末，欧洲各国为争夺意大利各邦统治权发生了一系列战争，其中法国与奥斯曼帝国结盟，共同对抗西班牙和神圣罗马帝国。战争持续了六十余年，意大利被瓜分殆尽。

佛罗伦萨圣母百花大教堂

- 公元843年　查理帝国分裂
- 公元9世纪末　城邦兴起
- 1167年　伦巴第联盟成立
- 1187年　意大利城邦独立
- 1206年　**成吉思汗建立大蒙古国**
- 1253年　威尼斯-热那亚战争爆发
- 1295年　黑白党之争
- 14世纪初　文艺复兴运动开始
- 1347年　黑死病暴发
- 1463年　第一次威土战争爆发

亚洲·中国明朝

明朝共传16位皇帝，历经276年。相传明朝的建立者朱元璋出身明教，所以建国号“明”。堪称世界奇迹的明长城，专门使用火枪、火炮的神机营，时刻监视大臣的锦衣卫，七次下西洋的郑和，四大古典名著中的《三国演义》《西游记》《水浒传》都出自明朝。明朝的军事与文化都非常强盛，被评为“远迈汉唐”。

锦衣卫

锦衣卫相当于明朝的特务机关，原为皇帝的近卫队，直接对皇帝负责，可逮捕臣民。

飞鱼服

明朝另一个特务情报机关称为东厂，由宦官掌管。

万人敌

守城用的泥壳燃烧弹

瓦剌

政权部族界

未定 今国界

吴三桂

他是辽东总兵，后降清，引清兵入关。

放大镜

鱼鳞图册

这是记录丈量土地形状、面积等的图册，因图中所绘的田亩形似鱼鳞而得名。

虎蹲炮

戚家军装备的远程火器

棉甲

士兵

明朝时传入中国的农作物

红薯　辣椒　玉米

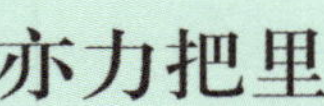

亦力把里

铁盔　对襟罩甲　锁子甲

明朝武士

随着火器的出现，笨重的铁甲逐渐被轻便、能防御火器的棉甲取代。

麻将

明末麻将比较盛行

银两

明中期以后，白银成了主要流通货币。

羌塘

安南象兵

棉甲

棉甲用棉麻制成，内衬铁片，外用铜钉固定，用来对抗火器。

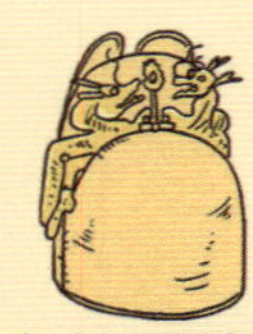

金丝翼善冠

三眼火铳

神机营士兵

军队中专门掌管火器的士兵

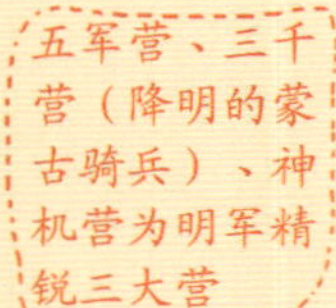

五军营、三千营（降明的蒙古骑兵）、神机营为明军精锐三大营

线装书

打陀螺

“陀螺”一词在明朝的《帝京景物略》一书中正式出现

苏州织工暴动

明朝中后期，资本主义萌芽在中国东南部的一些城市出现，其中比较有代表性的就是苏州纺织业。万历年间，苏州曾爆发织工抗税暴动。

万历皇帝

明神宗朱翊钧，年号万历，是明朝在位时间最长的皇帝。

李时珍

著有《本草纲目》的明朝医药学家

张居正

万历年间内阁首辅

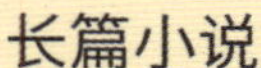

长篇小说

明朝流行长篇章回体小说，出现了《西游记》《三国演义》《水浒传》。

明中后期，宦官独揽大权，甚至代替皇帝发布政令。

魏忠贤

他是明末宦官，专断朝政，人称“九千岁”。

火龙出水

水陆两用火箭

眼镜

眼镜在明朝就已常见，但价格昂贵。

对襟长衫

大明官服

“闯王”李自成
原为明末驿卒的农民起义领袖
关宁铁骑
明末抵抗后金的精锐部队
昆曲
源于江苏昆山，兴盛于明中期的戏曲。
狩猎为生的女真人
马市
边疆与少数民族贸易的场所
明长城
鞑靼
瓦剌人
袁崇焕
明末多次成功抗击清军的兵部尚书
海西女真
建州女真
龟船
朝鲜名将李舜臣改造的铁甲船
抗日援朝
1592年，日本入侵朝鲜。明、朝联军最终在鸣梁海战中打败日军。
明长城东边的关隘
山海关
北京
(1403年，朱棣将北平改为北京。)
渤海
嘉峪关
明长城西边的关隘
倭寇
在朝鲜和中国沿海地区抢掠的日本海盗
宣德炉
宣德皇帝参与设计的铜香炉
黄河
《永乐大典》
这是永乐年间官方编撰的类书（类似于百科全书）。全书正文22877卷，目录60卷，共11095册。
永乐皇帝
明成祖朱棣是朱元璋第四子，夺了侄子皇位，迁都北京。
戚继光
抗倭名将
黑水洋
东海
朱棣
棣=木+隶
朱高炽
炽=火+只
朱瞻基
基=其+土
朱祁镇(兄)
镇=金+真
朱祁钰(弟)
钰=金+玉
朱载垕
垕=土+后
朱厚熜(弟)
熜=火+悤
朱厚照(兄)
照=火+昭
朱祐樘
樘=木+堂
朱见深
深=水+罙
朱翊钧
钧=金+匀
朱常洛
洛=水+各
朱由校(兄)
校=木+交
朱由检(弟)
检=木+佥
景泰蓝
这是明朝景泰年间广泛流行的铜胎掐丝珐琅，以蓝釉最为出色。
拙政园
应天府
(今江苏省南京市)
明
朱元璋
明太祖朱元璋是明朝开创者，建都南京。
长江
有趣的皇帝名字
明朝皇帝的名字都跟五行有关
木
火
土
金
水
小琉球
国外进献的“麒麟”
长颈鹿被误认为传说中的“麒麟”
郑成功
清初，郑成功驱逐荷兰人，收复了台湾。
苗刀
万里石塘
石星石塘
南海
郑和宝船
小琉球
明
万里石塘
石星石塘
万里长沙
南海

亚洲·中国明朝简史

1 朱元璋建明

元朝末年，天下大乱。做过乞丐、当过和尚的朱元璋参加了红巾军，红巾军不断吞并各方势力，最后朱元璋在南京称帝，建立明朝。

2 明军北伐

随后，朱元璋派大将徐达北伐。明军一路势如破竹，攻下了元大都（今北京市）。元顺帝北逃，元朝结束了在中原的统治。

3 胡蓝之狱

朱元璋平定天下后，对开国功臣非常猜忌，借机诛杀功臣。因“胡惟庸案”和“蓝玉案”受株连者超过三万人。

4 靖难之役

朱元璋把皇位传给了孙子朱允炆（建文帝），这让朱允炆的叔叔们很不服气，尤其是精明能干的燕王朱棣。朱棣暗中练兵，发动了靖难之役，打进了都城南京，抢了侄子的皇位，自己做了皇帝，史称“明成祖”。

5 郑和下西洋

朱棣为宣扬国威、沟通贸易，多次命郑和出使西洋。郑和的船队有200多艘船、2万多人，远航至西太平洋和印度洋，拜访了30多个国家，最远到达了非洲东海岸。郑和7次下西洋对中国航海事业的发展做出了重大的贡献。

6 朱棣迁都

为了抵御北方的蒙古部族，朱棣将都城从南京迁到北京。从此以后，北京成为明朝的都城。

7 土木之变

到了朱祁镇（明英宗）执政时，蒙古西部的瓦剌强大起来。明英宗亲自率领50万大军攻打瓦剌，结果明军在土木堡覆没，明英宗被俘。

北京保卫战 8

土木之变后，瓦剌趁势攻打北京城，兵部尚书于谦率领北京军民打退了瓦剌的进攻，使明王朝转危为安。

9 夺门之变

朱祁镇（明英宗）被俘后，他的弟弟朱祁钰（明代宗）做了皇帝。后来朱祁镇被放回，却被朱祁钰囚禁。最后一些大臣和太监帮助朱祁镇夺回了皇位。

朱元璋建明 明军北伐 — 1368年
胡蓝之狱 — 1380年 1393年
靖难之役 — 1399年 1402年
郑和下西洋 — 1405年
朱棣迁都 — 1420年
仁宣之治 — 1425年 1435年
土木之变 北京保卫战 — 1449年
夺门之变 — 1457年
倭寇大举侵犯浙江 — 1561年
戚继光荡平倭 — 1565年

10 嘉靖崇道

明朝中后期，许多皇帝荒废朝政，不务正业。朱厚熜（明世宗，年号“嘉靖”）推崇道教，寻求各种仙丹妙药，以求长生不老。

11 戚继光抗倭

嘉靖年间倭寇之乱尤其严重。名将戚继光招募义乌农民和矿工，编练新军，在抗倭战场屡立战功，被称为“戚家军”。

12 张居正改革

嘉靖以后，国家财政越来越困难。万历时内阁首辅张居正进行了一系列改革，让明朝出现了短暂的复兴。

14 后金崛起

1616年，东北的女真人建立了后金政权，并与明朝决裂。

13 助朝抗日

1592年，日本侵略明朝属国朝鲜。明军入朝，于1598年帮助朝鲜击败了日本军队。

15 阉党乱政

张居正改革让明朝短暂复兴，但以魏忠贤为首的宦官逐渐把持朝政，他的爪牙遍布全国，使明朝又一次走向衰落。

16 袁崇焕守宁远

名将袁崇焕固守宁远城（今辽宁省兴城市），多次击败后金，稳固了东北局势。

17 李自成起义

1630年，农民起义开始大规模爆发，尤其是李自成率领的农民军声势浩大，让明军很是头疼。

19 南明政权

明朝灭亡后，南方相继出现了几个明朝政权，试图将大明江山延续下去，但相继被清军消灭。

18 崇祯自缢

内忧外患下，明朝终于撑不住了。1644年，李自成攻入北京，明朝最后一个皇帝朱由检（明思宗，年号“崇祯”）自缢，明朝灭亡。

张居正改革	助朝抗日		后金崛起	魏忠贤专权	袁崇焕守宁远		李自成起义	崇祯自缢
1573年	1592年	1598年	1616年	1621年	1626年	1629年	1630年	1644年

亚洲 东南亚各国

东南亚位于中国的南部，又被称为“南洋”，由中南半岛和2万多个岛屿组成，陆地面积约460万平方千米。早期东南亚居民以捕鱼和种地为生，在大航海时代，欧洲列强大举入侵，东南亚各国逐渐沦为殖民地，成为东西方贸易的重要一环。直到“二战”以后，东南亚各国才重新获得独立。自古以来，中国、印度的移民不断迁到东南亚，与当地人一起，组成了文化多元的社会。

明
郑芝龙
他是郑成功的父亲，精通西班牙、日本、荷兰等多国语言，从事海外贸易。
南洋海盗
明朝末期，大批移居南洋的中国人与当地人组成海盗集团，抢劫来往商船。
太
苏禄王
明朝永乐年间，苏禄国王和王后带领全家30多人访问中国并定居，死后葬于山东德州。
吕
宋
南
万里石塘
石星石塘
黑人火枪手
郑芝龙从欧洲人手中解救了很多黑人奴隶，他们组成了300人左右的黑人洋枪队。
苏禄国王匕首
欧洲入侵
1511年，葡萄牙占领马六甲城，建立了欧洲人在东南亚的第一个殖民地。后来西班牙、荷兰、英国、法国相继入侵东南亚，建立殖民地。
平
占
城
万
里
长
沙
海
隆维克之围
这是东南亚历史上最大规模的战争，暹罗军凭借从西方引进的大炮，战胜了高棉帝国。
筏屋
建在竹筏上的房子
洋
竹竿舞
字喃
借用汉字和仿照汉字形式创造的越南文字
爪 哇 海
文庙
越南纪念孔子的庙宇

美洲文明

美洲

美洲是亚美利加洲的简称，包括南美洲和北美洲。大约四五万年前，一些生活在亚洲东北部的人跨越白令海峡，进入美洲大陆，开始在这里繁衍生息。大航海时代，由于哥伦布误认为自己到达的大陆是“印度”，当地的原住民就被他称作“印第安人”。以阿兹特克人和印加人为代表的印第安人创造了繁荣的农业文明，培育出玉米、土豆和西红柿等农作物，对世界农业发展和人口增长起到了重要作用。

海神·查卡玛玛
死神·苏帕伊
地球女神·帕查玛玛
太阳神·因蒂
他是创世神维拉科查的儿子，印加帝国的守护神。
大祭司
他是国王之下权力最高的人，也是人与神的沟通桥梁。
库斯科
蒂亚瓦纳科
奥基和纽斯塔
印加王子和公主的称呼
奎普
这是印加人的一种结绳记事方法，用来记录数字或历史神话。
阿莫塔库纳
这一称呼的原意为“贤者”。他受国王的委托，常年在印加帝国里巡游，传播知识和文化。
士兵
太阳祭
重大事件发生时，国王会带领王族和百官在太阳神殿举办祭祀活动。
黄金宫殿
太阳神殿中的墙壁和地板均由黄金制成
太阳神殿
图奎·里科克
被称为“监察一切之人”的印加钦差大臣的称呼
查斯奎
他是负责传达国王的命令的信使，其称呼有“猎狗”的意思。
围屋
这是用石头砌成的大屋子，用来防御敌人。
羊驼
驼马
独轮车
奴隶
投石兵
藜麦
作为主食的谷物
土豆
这是印加人的主食之一。印加人曾培育出1500多种土豆。
土豆粉
这种食物可以长久保存
缠头
印加人认为圆锥形的头型很美，所以他们会给婴儿缠头，来改变头颅形状。
国王木乃伊
印加人认为国王的木乃伊具有神力，所以常常把国王木乃伊抬到战场上。

美洲

美洲文明简史

1 阿兹特克帝国兴起

阿兹特克人在墨西哥中部的特斯科科湖北岸定居，修建特诺奇蒂特兰城（后来的墨西哥城）。

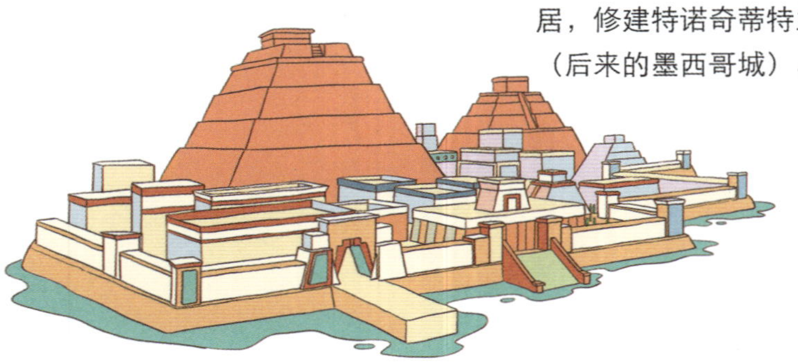

2 荣冠战争

为了获取俘虏，向太阳神献祭，阿兹特克人尚武好战，与特斯科科人、特拉克班人联盟，发动战争，而临近的特拉斯卡拉地区是经常被侵扰的对象。

3 印加帝国兴起

生活在秘鲁高原地区的印加人迁到库斯科，建立了库斯科王国。逐渐地，印加人同化了周边民族，用武力征服无法同化的民族，成为南美洲最大的帝国。

4 特拉斯卡拉战役

1519年，西班牙人科尔特斯在墨西哥登陆。他们遇到特拉斯卡拉人，双方大战，结果分不出胜负，于是开始和谈，决定组成联盟，共同攻打阿兹特克人。

6 科尔特斯绑架国王

科尔特斯趁机囚禁了蒙特祖玛二世，并杀害了许多百姓。阿兹特克人愤怒反抗，蒙特祖玛二世在混乱中被石块砸死了。

5 “白皮肤神”到访

科尔特斯诱使阿兹特克国王蒙特祖玛二世进入特诺奇蒂特兰城。蒙特祖玛二世第一次看到欧洲白人，以为他们是传说中的“白皮肤神”，于是盛情接待了他们。

7 悲痛之夜

蒙特祖玛二世死后，阿兹特克人很快选出一位新国王，继续攻击西班牙人。西班牙人只得向城外突围，但仅有少数人顺利逃脱。

8 西班牙人天花毒计

西班牙人无法用武力征服阿兹特克帝国，便想出一招毒计，把带有天花病毒的毯子送给阿兹特克人。天花很快在阿兹特克流行起来，夺走了数十万人的生命。

9 阿兹特克帝国沦为殖民地

在天花袭击中幸存的阿兹特克人坚守了两个多月后，首都特诺奇蒂特兰城被西班牙征服者摧毁，阿兹特克帝国沦为西班牙的殖民地。

10 印加王位战争

西班牙征服者皮萨罗登陆秘鲁地区时，听说印加帝国的两位王子为争夺王位，正在内战。最终，大王子阿塔瓦尔帕成为国王，但印加帝国实力也被大大削弱。

11 西班牙征服印加帝国

皮萨罗觉得有机可乘，决定出兵进攻印加帝国。他们大获全胜，俘虏并处决了印加国王阿塔瓦尔帕。印加帝国灭亡。

12 新印加王国的灭亡

西班牙征服印加帝国后，阿塔瓦尔帕的兄弟曼科率领残部在库斯科东北的亚马孙丛林里建立新印加王国。曼科及其后代死守36年，王国最后还是被西班牙人倾覆。

马丘比丘

印加国王和贵族的避暑庄园

- 1325年　特诺奇蒂特兰城建立
- 15世纪　荣冠战争 印加帝国开始扩张
- 1519年　特拉斯卡拉战役
- 1520年　悲痛之夜
- 1521年　阿兹特克帝国沦为殖民地
- 1529年　印加王位战争开始
- 1532年　西班牙征服印加帝国
- 1572年　新印加王国灭亡

班图人
非洲最原始的、目前人口最多的族群
肺鱼
这种鱼可以用鱼鳔进行呼吸，在夏季缺水时会钻入土地，进行“夏眠”。
陶器
礼物教
班图人崇拜人造物品
串珠娃娃
巫毒教
巫医
猴面包树
这种树可以存活千年，树干中储藏着大量水分，果实可以食用。
地
中
海
象牙矛
帕涅
这是班图人的传统连衣裙或长衫，贵族一般身着织布，平民身着兽皮和茅草。
战斧
努比亚长弓
由北非传入的武器
面具
班图人喜欢戴面具，面具的款式非常多。
象牙
牛皮盾牌
木雕
班图传统工艺品
芦苇编织
芦苇是班图人的重要经济作物，可以用来编织衣服。
猎人
草原地带的班图人主要以渔猎为生。猎人在狩猎前会在身上画上各种花纹，以求神灵保佑。
阿方索一世
他是刚果王国第六任国王，笃信天主教，葡萄牙人借此渗入刚果。
纳巴塔
尼
罗
河
捕鱼
廷巴克图
昆比萨利赫
康加巴
铁发钗
约公元400年，班图人掌握了冶铁技术。
尼
日
尔
河
卡诺
诺克
伊费
贝宁
卢巴刀
卢巴人的主要武器
孔戈洛
传说诞生于彩虹之中的卢巴第一任国王
贡德尔
巴索托武士
穆塔帕王国的重要武装力量

非洲 班图文明

班图人是当今非洲最大的族群，遍布撒哈拉沙漠以南的非洲地区。原始班图部落是非洲西部的农耕部落，公元前10世纪开始南迁，途中学会了畜牧、渔猎，发展出多样的文明。班图人手工业发达，擅长贸易，在撒哈拉沙漠以南建立起数个强大的国家。近代，这些国家受到西方国家的侵略和劫掠，逐渐衰落，沦为殖民地。

大洋洲 波利尼西亚文明

波利尼西亚人的祖先来自东亚沿海，约公元1世纪初迁到太平洋群岛，并在这里定居，形成了独特的海洋文化。波利尼西亚人包括毛利人、萨摩亚人、汤加人、夏威夷人、图瓦卢人等10多个支系。近代，欧美殖民者侵占大洋洲，抢走了波利尼西亚人的土地，波利尼西亚文明的独立发展之路也被迫终止。

碰鼻礼

波利尼西亚人见面时，碰鼻子以示亲近。

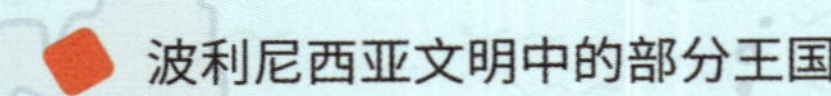

舷外支架技术

波利尼西亚人在船舷外侧用浮木辅助平衡，尽可能提高船舶稳定性和抗风浪能力。

礼服

结婚时穿的传统服饰

以胖为美

波利尼西亚人的一种审美观念

大帆船

这种船可装下100多人

编织机

木头面具

塔乌西里

掌管天气和气候的神

佩库

汤加王国的创建者

翡翠雕刻

新西兰生产绿玉，毛利人用它们制作绿玉饰物。

木斧

木矛

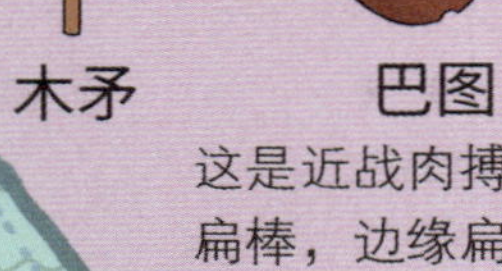

巴图

这是近战肉搏用的短扁棒，边缘扁平，锋利如刀刃。

木雕神像

波利尼西亚人的每个部落都会在村口放上木雕神像，以求神灵保佑出入平安。

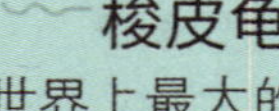

棱皮龟

世界上最大的海龟

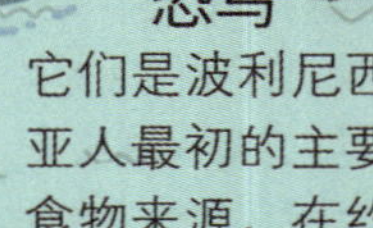

恐鸟

它们是波利尼西亚人最初的主要食物来源，在约16世纪灭绝。

毛利人

传说，毛利人的祖先从10世纪开始由波利尼西亚中部的社会群岛迁到新西兰，成为新西兰的原住民和少数民族。他们民风剽悍，擅长战舞。

欧洲殖民者入侵

18世纪末，欧洲殖民者开始大规模入侵，波利尼西亚人逐渐失去了自己的领土。

夏威夷王国

1795年，夏威夷部落的一个首领卡美哈梅哈发动战争，统一了夏威夷群岛，建立夏威夷王国。

卡美哈梅哈大帝

建立夏威夷王国的夏威夷群岛统一者

草裙舞

卡拉卡瓦一世

这位夏威夷王国国王死后不久，美国侵占了夏威夷。

卡美哈梅哈二世

他在位期间，夏威夷王国和欧洲建立起外交关系。

巫师

波利尼西亚人相信万物有灵，重大事务都要由巫师占卜。

烤猪

波利尼西亚人喜欢用烤猪来招待客人

木雕艺术

波利尼西亚人可以把木头加工成各种工具以及艺术品

哈阿蒙加

波利尼西亚人建造的巨大石门

泥塑女神

波利尼西亚人认为，人类是战神与泥塑女神的后裔。

皮特凯恩岛岩画

早期波利尼西亚人留下的遗迹

波利尼西亚人编织的羊毛毯

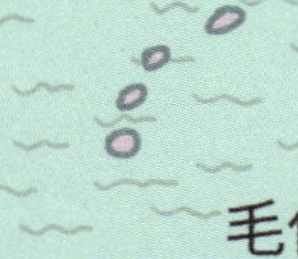

汤加王国

约公元950年，汤加王国诞生，领土几乎包括南太平洋的所有岛屿以及周边大部分海域。汤加王国拥有强大的海军，掌握着大洋洲贸易的命脉。

塔莫克纹身

波利尼西亚人的一种身份象征

血缘部落

波利尼西亚部落成员主要由血缘亲属组成

毛伊

他是毛利传说中的神话人物。他开天辟地，创造世界，用绳子拉住太阳，让时间不要走得那么快。

阿托勇士

这是一种荣誉头衔，通常授予部落中最勇敢的士兵。

复活节岛石像

波利尼西亚人遗留下的巨大石像

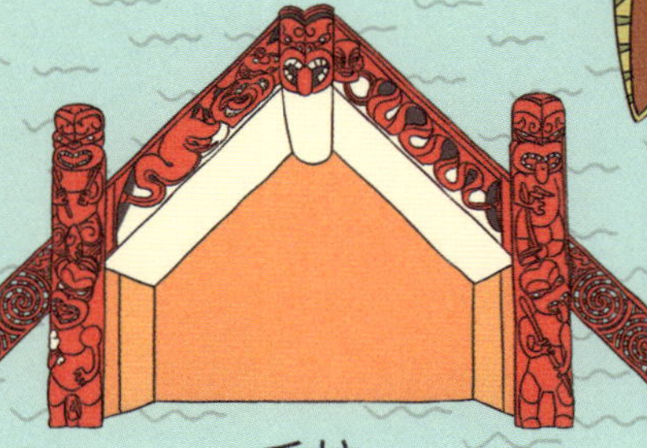

毛拉

毛利人用来举办盛大活动的礼堂

杭吉

这是毛利人的传统料理。他们将食物用亚麻叶包起来再埋入地下，在地上点起火堆，将食物焖熟。

战舞

配以叫嚷和哼声的团体舞蹈

管风琴炮
弗郎机舰炮
阿方索一世
葡萄牙独立后的第一位国王
贝林塔
西班牙帝国时
期修建的灯塔
莱昂
马介休
腌鳕鱼
海鲜饭
大
商船
西班牙和葡萄牙的商
船装备了火炮，遇到
强国就正常贸易，遇
到弱国就武力掠夺。
西
恩里克王子
他为葡萄牙的航海事业奋
斗了四十多年，不仅开辟
了非洲西海岸漫长的“海
上航线”，还有组织地绘
制了大量的海图。
西班牙征服者
西班牙国王鼓励探险
家进行海外掠夺，但
探险家需上交一部分
掠夺来的钱财。
马德里
托莱多
特茹河（塔霍河）
西班牙王国
里斯本
葡萄牙王国
瓜的亚纳河
《堂吉诃德》
西班牙小说家塞万
提斯的文学作品
洋
瓜达尔基维尔河
荷兰手枪骑兵
腓力二世
(1527～1598年)
他在位时，西班
牙国力强大。他
发起葡萄牙王位
继承战争，并让
西班牙王国与葡
萄牙王国合并。
直布罗陀
1415年起属葡萄牙

法兰西王国

1512年并入西班牙

潘普洛纳

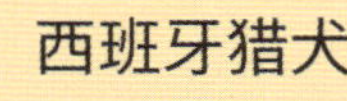

西班牙猎犬

西班牙人将它们带入美洲，用以抓捕丛林中的美洲土著。

埃布罗河

巴塞罗那

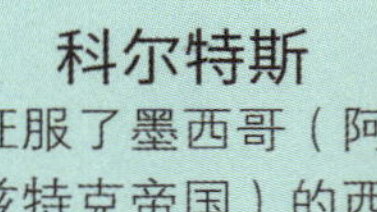

科尔特斯

征服了墨西哥（阿兹特克帝国）的西班牙探险者

伊比利亚火腿

野猪

西班牙人将它们带往美洲，它们四处啃食种子和庄稼，造成了美洲饥荒。

“沉默者”威廉

他是荷兰（尼德兰）脱离西班牙独立后的首位执政者。他听到西班牙国王把新教徒赶出尼德兰的计划后，大感震惊，几天没说话，被称为“沉默者”。

地 中 海

黑奴贸易

16世纪初，西班牙人和葡萄牙人最早把非洲人带到美洲，后来欧洲各国拐卖大量非洲人去美洲充当奴隶，黑奴贸易兴起。

15世纪末西班牙王国

15世纪末葡萄牙王国

欧洲 西班牙和葡萄牙

西班牙和葡萄牙是率先发起大航海运动的国家。两国通过掠夺落后的非洲和美洲，一跃成为最早的全球性大帝国。1580年，西班牙吞并葡萄牙，国力达到顶峰。后来，英国海军崛起，打败了西班牙“无敌舰队”，荷兰、葡萄牙也借机独立，西班牙才逐渐没落。

欧洲 西班牙和葡萄牙简史

1 收复失地运动

公元718年，因阿拉伯人入侵而逃到西班牙半岛西北部的西哥特贵族建立阿斯图里亚斯王国，后改称雷翁王国，并开始进攻半岛南部的穆斯林政权。在这过程中诞生了3个基督教国家，分别是葡萄牙、卡斯蒂利亚和阿拉贡。

2 初期海上探索

15世纪初，葡萄牙的恩里克王子设立航海学校，大力发展造船技术。这为葡萄牙舰队在非洲西海岸建立殖民地、掠取黄金和象牙、抓捕黑奴创造了条件。

3 西班牙王国成立

为了巩固自身实力，阿拉贡王子斐迪南与卡斯蒂利亚公主伊莎贝拉联姻。后来，二人分别继承了王位。卡斯蒂利亚便与阿拉贡合并，西班牙王国成立。

4 西班牙完成统一

1492年，伊莎贝拉和斐迪南的军队攻下了摩尔人最后一个重镇格拉纳达，一统西班牙。历时7个多世纪之久的收复失地运动结束了。

5 哥伦布到达美洲新大陆

光复后的西班牙想建立贸易航线和殖民地来扩充财富，支持意大利人哥伦布向西航行。哥伦布到达美洲大陆。但哥伦布至死都以为自己发现的是印度。

6 教皇子午线

1493年，葡萄牙与西班牙为抢夺殖民地，险些爆发战争。两国请来罗马教皇裁决。教皇规定以子午线为界，以西归西班牙，以东归葡萄牙。

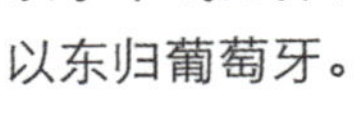

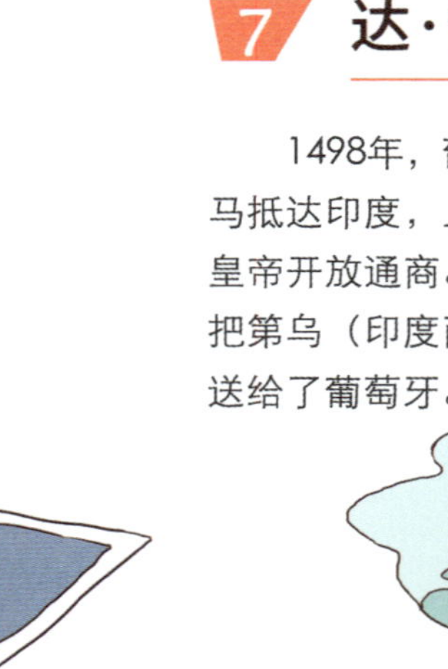

7 达·伽马抵达印度

1498年，葡萄牙人达·伽马抵达印度，上书建议莫卧儿皇帝开放通商。莫卧儿皇帝便把第乌（印度西部港口城市）送给了葡萄牙。

收复失地运动	初期海上探索	西班牙王国成立	西班牙完成统一 哥伦布到达美洲新大陆	教皇子午线	达·伽马抵达印度
公元718年	15世纪初	1479年	1492年	1493年	1498年

8 麦哲伦环球航行

在查理五世的资助下，葡萄牙探险家麦哲伦带领西班牙船队，开始环球航行。1521年4月27日，麦哲伦在菲律宾被杀死。船队的18名幸存者继续航行，完成了人类历史上首次环球航行。

9 日不落帝国

1520年，查理五世登基。他的父亲是神圣罗马皇帝，母亲是西班牙女王，所以他同时继承了神圣罗马帝国和西班牙，拥有的领土占据半个欧洲，殖民地遍布全世界。至此，西班牙成为世界上第一个“日不落帝国”。

10 西班牙征服拉丁美洲

西班牙在拉丁美洲也发动征服战争，摧毁阿兹特克、印加等美洲文明，奴役美洲原住民并大肆掠夺黄金、白银。

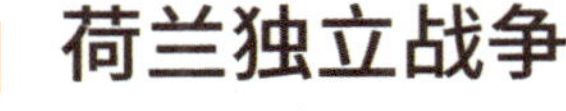

11 荷兰独立战争

1568年，荷兰起兵反抗西班牙，得到了英格兰、法国的援助。这场战争持续80年，又称“八十年战争”。最后荷兰人成功独立，建立了荷兰共和国。

12 格拉沃利讷海战

1588年7月，西班牙“无敌舰队”远征英格兰，在格拉沃利讷被英军夜袭重创，只得返航，途中遭遇飓风，几乎全军覆没。

13 唐斯之战

1639年，荷兰海军在英吉利海峡的唐斯泊地成功拦截西班牙舰队。这次海战迫使西班牙放弃了征服荷兰的企图，西班牙丧失海上霸权，迅速衰落，荷兰成为新的海上霸主。

14 半岛战争

1808年，拿破仑向西班牙进军，没遇到什么抵抗就基本占领了伊比利亚半岛，他立自己的哥哥约瑟夫·波拿巴为西班牙国王。西班牙就此变成法国的附属国。

麦哲伦开始环球航行	西班牙成为“日不落帝国”	西班牙征服拉丁美洲	荷兰独立战争	格拉沃利讷海战	唐斯之战	半岛战争
1519年	1520年	1549年	1568年	1588年	1639年	1808年

“蒸汽时代”到来

小朋友，你也许知道你身上的衣服是由纺织厂生产的布制成的，你应该也见过或者乘坐过呼啸而过的火车，你可能也在轮船上感受过大海的波澜壮阔，那么你知道最早的纺织机、最早的火车和轮船是怎么出现的吗？这要穿梭到二百多年前的英国。那里发生的一场工业革命，改变了人们的生产生活方式，乃至世界的面貌。

飞梭

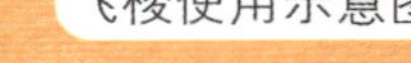
飞梭使用示意图

纺织生产领域

工业革命最先出现在当时工场手工业最为发达的棉纺织业。1733年，机械工和织工凯伊发明了飞梭，大大提高了织布效率，顿时棉纱供不应求。

机械纺车

旧式纺车

旧式织布机

机械织布机

“旅行者号”

珍妮纺纱机

1765年，织工哈格里夫斯发明了手摇纺纱机（珍妮纺纱机）。以前的纺纱机一次只能纺一根纱线，但珍妮机一次可以纺出多根纱线。1768年，理发师阿克莱特制成水力纺纱机，大大提高了纺纱的效率。

骡机

1779年，工人克朗普顿发明骡机，集中了水力纺纱机和手摇纺纱机的优点。1785年，卡特赖特发明了水力织布机。

动力突破

1785年，瓦特改良的蒸汽机在纺织部门投入使用，标志着人类社会由此进入“蒸汽时代”。

交通领域

1807年，美国人富尔顿制造出世界上第一艘利用蒸汽作动力的船“克莱蒙特号”。

“克莱蒙特号”

1814年，英国工程师斯蒂芬森利用蒸汽机发明了蒸汽机车。1825年，“旅行者号”蒸汽火车在英国试行，车厢载有450名乘客。

欧洲 英国

工业革命后，英国成为世界上第一个工业化国家。强大起来的英国打败法国，夺取了法属加拿大殖民地，成为海上霸主。凭借强大的工业生产力，英国又不断拓展海外殖民地，成为当时世界上最强大的帝国。

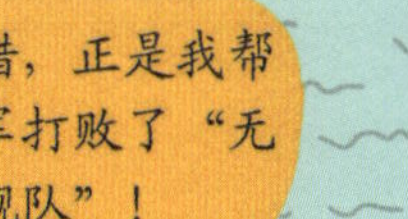
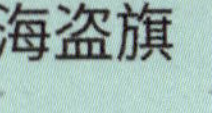

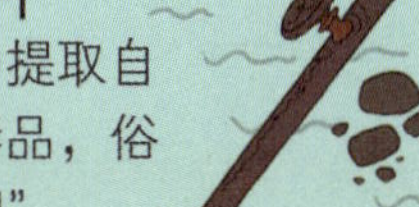

伊丽莎白一世
她是利用海盗打败西班牙“无敌舰队”，使英国成为海上霸主的英国女王。

海盗旗

霍金斯
他是曾经疯狂打劫西班牙商船，被伊丽莎白女王封为海军司令的海盗头领。

科学怪人
英国女小说家雪莱创作的科幻小说《弗兰肯斯坦》中的人物

克伦威尔
带领“新模范军”打败国王、建立共和国的英国革命领袖

议员
由人民投票选出的参与管理国家的人

首相
首相即“首席宰相”，是君主立宪制国家中的政府首脑。

君主立宪
在保留君主制的前提下，通过立宪，树立人民主权，限制君主权力，在政治上君主只具有象征性地位，真正的国家权力掌握在议会和内阁手中。

万国博览会
1851年，维多利亚女王在英国水晶宫举办了第一次世界博览会。

威士忌
用小麦、大麦等谷物酿造的酒

新模范军
英国历史上第一支

贸易逆差
中国商品在欧洲很有人气，欧洲人花钱买了很多中国商品，但中国人很少购买欧洲产品，因此大量白银流入中国，这种贸易现象对欧洲来说即贸易逆差。欧洲商人便想用鸦片交易来扭转贸易逆差。

鸦片
这是一种提取自罂粟的毒品，俗称“大烟”。

Good
英语
随着全球贸易的开展，英语慢慢成为一种国际语言。
都柏林
爱尔兰
红衫军
他们是英国陆军，因作战时会穿醒目的红色军服、戴三角帽而得名。
爱尔兰海
废除奴隶制度
1807年，英国宣布废止奴隶贸易。1834年，英国又宣布在全国范围内废除奴隶制。
原料与市场
英国完成工业化后，急需原料与市场，便开始了全球贸易。例如英国商人把非洲殖民地的棕榈油运回国内，制成肥皂，再卖到非洲及世界各地。
维多利亚女王
（1819～1901年）
她统治英国63年，英国在她的统治下达到鼎盛。
太阳永远照耀在我统辖的土地上
普雷斯顿
曼彻斯特
莎士比亚
英国伟大的戏剧家
英格兰
诺丁汉
伯明翰
淘金热
英国实行金本位后，全球掀起了淘金热。
炸鱼薯条
牛津
白金汉宫
英国王宫
剑桥
英式下午茶
伦敦
朗姆酒
用甘蔗汁、糖蜜酿造的酒
怀特岛
英吉利海峡
大本钟

欧洲

英国简史

1 红白玫瑰战争

1455～1485年，英格兰国王爱德华三世的两支后裔，兰开斯特家族（以红玫瑰为族徽）和约克家族（以白玫瑰为族徽）为争夺王位而进行战争，战争以两个家族的联姻而结束。英国就此开启都铎王朝的统治时代。

2 打败西班牙“无敌舰队”

伊丽莎白一世在位期间，英国逐渐成为欧洲强大而富有的国家之一。1588年，英国打败了西班牙的“无敌舰队”后，成为海上霸主。

3 英国内战

英格兰内部出现了很多社会矛盾，代表新兴资产阶级利益的议会同代表贵族利益的国王之间矛盾重重，内战爆发。议会独立派领袖克伦威尔创建了一支近现代化军队“新模范军”，议会很快取得第一次内战胜利，国王成为阶下囚。之后议会又取得第二次内战胜利，国王被处死。英格兰共和国建立后，克伦威尔实行独裁统治。

4 光荣革命

1660年查理二世复辟后，登上了王位。1688年，国王詹姆斯二世的统治被推翻。次年，英国通过了限制王权的《权利法案》，规定国王统而不治，国家权力由君主转移到议会。

5 四次英荷战争

17～18世纪，英国与荷兰之间爆发了4次战争，英国夺取了荷兰的部分贸易份额与海外殖民地。更重要的是，英国从此将世界金融贸易中心从阿姆斯特丹转移至伦敦。

6 成立联合王国

1707年，英格兰和苏格兰议会合并，但两地有不同的法律和货币；1801年，英格兰与爱尔兰合并，英国第一次完成了统一。

7 工业革命兴起

统一后的英国发展更为迅速，成为世界上第一个工业化国家。

红白玫瑰战争	打败西班牙“无敌舰队”	英国内战	第一次英荷战争爆发	光荣革命	英格兰和苏格兰合并	工业革命兴起	七年战争	北美独立战争
1455年　1485年	1588年	1642年　1651年	17世纪	1688年	1707年	约1760年	1756年　1763年	1775年

8 七年战争

18世纪起，法国与俄国逐渐成为欧洲大陆上的两大强国，这使英国倍感威胁。于是，英国与新兴的普鲁士王国结盟对抗法俄联军，双方爆发一系列战争。最终法国战败，割让包括加拿大、佛罗里达在内的大部分法属殖民地给英国。

9 北美独立战争

英国政府为了维护本国的利益，从18世纪下半叶起，多次立法对其北美殖民地征收重税，这引起后者的反感。1775年，北美殖民地开始反抗英国统治。法国为了报七年战争的失败之仇，也参与其中。英国的镇压失败，不得不承认美国独立。

10 反法同盟

法国大革命爆发后，欧洲各国担心革命之势会蔓延到本国，拿破仑的上台更增加了欧洲各国的忧虑。为了对抗法国，英国联合俄国、普鲁士、奥地利等国多次组成反法同盟。

11 入侵中国

已成为欧洲霸主的英国又把魔爪伸入中国。英国以林则徐虎门销烟为借口，悍然侵华并获胜，逼迫中国割地赔款。

12 锡克战争

1845～1849年，英国两度攻打锡克王国，将印度仅存的独立地区——旁遮普地区纳入自己的殖民版图。至此，英国征服了整个印度。1876年，女王维多利亚加冕为印度女皇。

13 克里米亚战争

为了不让俄国在小亚细亚地区一家独大，在俄国与奥斯曼帝国发生冲突后，英国联合法国共同出兵，在克里米亚击败了俄军，维持了地区政局的势力平衡。

14 英阿战争

自19世纪以来，鉴于阿富汗的地理位置及该国在遏制俄国势力中的重要作用，英军先后3次入侵阿富汗，均遭到阿富汗人民的抵抗。后来，在迈万德战役中，阿军大败英军主力，一直攻不下阿富汗的英军也只好撤军。

15 第二次布尔战争

英国为了控制南非黄金贸易，两次出兵南非布尔人的德兰士瓦共和国。布尔人虽以游击战在第一次布尔战争中痛击英军，但因国力悬殊最终战败。第二次布尔战争之后，两国选择和谈。

第一次反法同盟	英格兰与爱尔兰合并	入侵中国	锡克战争		克里米亚战争		英阿战争结束	第二次布尔战争		第一次世界大战爆发
1792年	1801年	1840年	1845年	1849年	1853年	1856年	1919年	1899年	1902年	1914年

欧洲·法国

14~19世纪，法国经济发达，文化繁荣，拥有当时世界上最强大的陆军。当时欧洲人都以吃法餐、说法语、学习法国人穿着为时尚。后来，“平等、自由、博爱”的启蒙思想在法国孕育，并传播到欧洲各国。

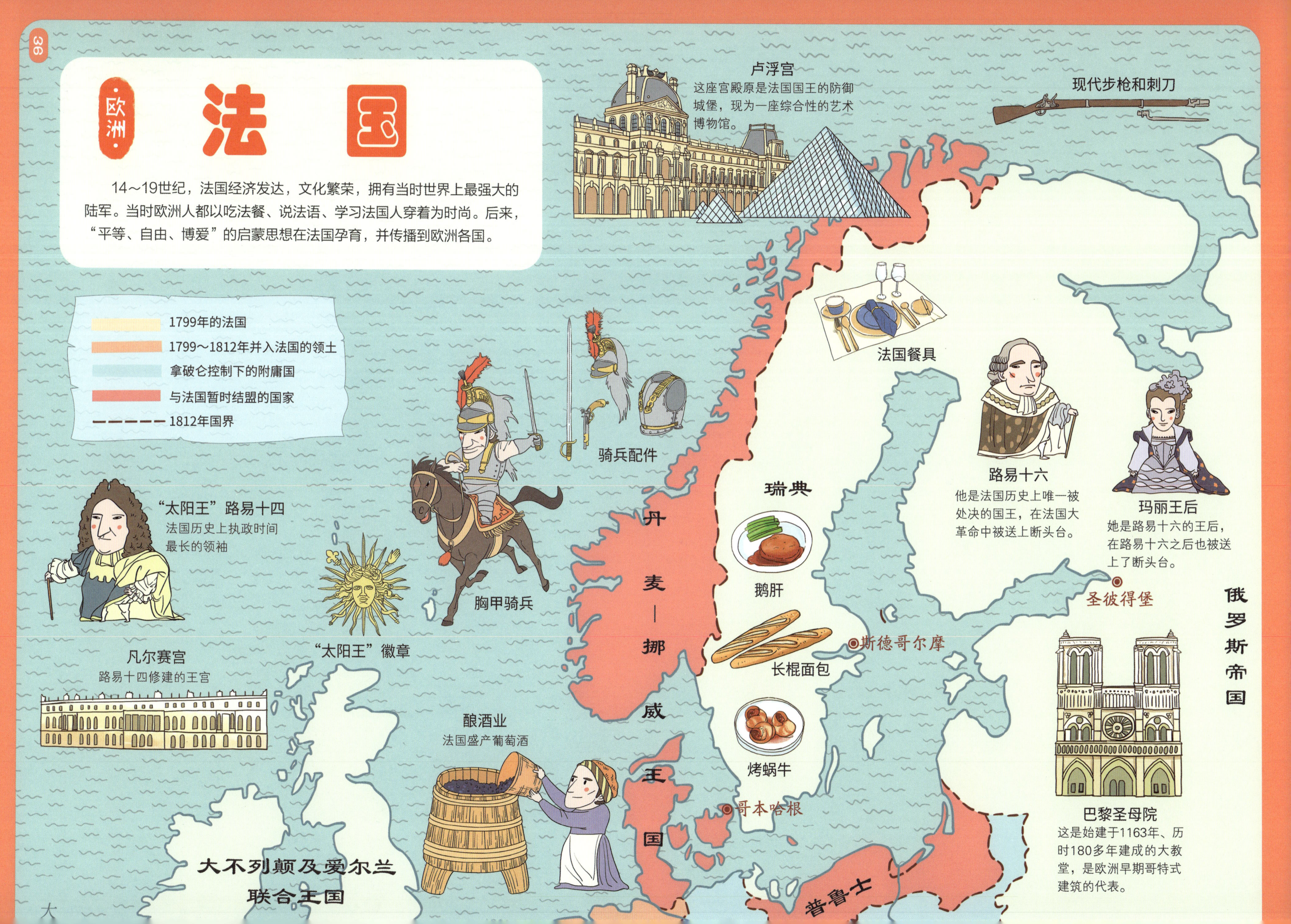

法国服饰
西
洋
假发
巴黎
法兰西帝国
莱茵河
凯旋门
为庆祝拿破仑1805年打败俄奥联军而建的建筑
米兰
维也纳
奥地利帝国
教士 第一等级
贵族 第二等级
资产阶级、手工业者和农民等 第三等级
三大等级
平民受到严重压迫，发动了人革命，推翻了国王统治。
多
瑙
河
奥斯曼帝国
葡萄牙
西班牙
马德里
里斯本
紧身裤
罗马
世上只有两种力量：利剑和思想。从长而论，利剑总是败在思想手下。
地
中
海
高跟鞋
这种鞋由法国人发明，当时无论男女，都热衷于穿高跟鞋。
拿破仑
（1769～1821年）
他发动“雾月政变”，掌权后打败英国、普鲁士、奥地利、俄国等欧洲强国，成为“法兰西人的皇帝”。
拿破仑法典
法典总结了法国大革命10年的立法成果，确立了现代民法体系。
圣女贞德
她是英法“百年战争”中的女英雄，法兰西民族精神的象征。
铸铁炮弹
野战炮

欧洲 法国简史

1 卡佩称王

公元987年，大贵族卡佩被封建贵族推举为王，法兰西王国卡佩王朝开始。

2 英法“百年战争”

从1337年起，法国同英国因争夺法兰西王国统治权而爆发了长达100年的战争。战争后期，局势对法国不利，但圣女贞德出现了，她率领法军打退英军，解放了法兰西南部重镇奥尔良，一举扭转战局。最终除加来港仍在英国手中外，法国实现了领土的统一。

3 路易十四亲政

1643年，不到5岁的路易十四登基，23岁时亲政，执政54年，独揽大权。在他的统治下，法国成为一个中央集权且经济高度发达的欧洲大国。

4 “遗产战争”

路易十四的王后是西班牙国王腓力四世的长女。腓力四世死后，路易十四以其王后之名义要求继承西属尼德兰的遗产。被拒绝后，路易十四入侵西班牙，一路势如破竹，后在他国干涉的压力下才收兵。

5 法荷战争

由于荷兰在“遗产战争”中反对法国并参战，路易十四又出兵荷兰，荷兰积极应战。经过荷兰的一系列努力，双方进行和谈，签订停战协定。此时，是法国在欧洲势力最强的时期。

6 大同盟战争

路易十四咄咄逼人的霸权政策让欧洲多个国家组成反法的“圣奥格斯堡同盟”。1688年，双方开战。1697年，战争结束，路易十四与同盟国家签订条约，归还了法国在1679年后占领的大多数领土。

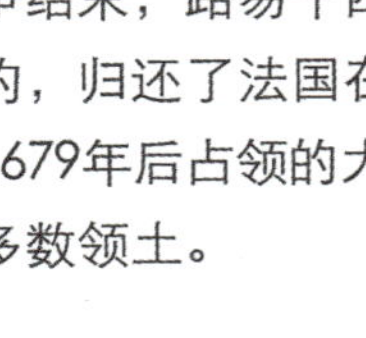

7 启蒙运动

17～18世纪，欧洲大陆掀起启蒙运动的浪潮。运动以18世纪的法国为中心，以伏尔泰、孟德斯鸠、卢梭等人为代表，宣扬崇拜理性，倡导民主、平等。

卡佩王朝开始	英法“百年战争”		利玛窦来华	路易十四亲政	“遗产战争”		法荷战争		大同盟战争		启蒙运动进入全盛时期
公元987年	1337年	1453年	1582年	1661年	1667年	1668年	1672年	1678年	1688年	1697年	18世纪

8 法国大革命爆发

在启蒙运动的影响下，法国民众更加渴望自由和民主。巴黎人民攻占巴士底狱，揭开了法国大革命的序幕。欧洲各国震动，意图镇压革命，但这更加激起了法国人的爱国热情。1792年，法兰西共和国（法兰西第一共和国）成立。

9 雾月政变

法国大革命后期，雅各宾派掌权，屠杀了大量无辜市民。督政府接管政权后，又无力抗击外国干预。这时，拿破仑发动军事政变，推翻了督政府。

10 拿破仑称帝

欧洲各国不甘失败，多次组织反法联军征战，均败给拿破仑，还丢掉了大片领地。1804年，拿破仑加冕称帝，法兰西帝国成立。

11 远征莫斯科

能征善战的拿破仑亲率约60万大军远征俄国。顽强的俄军放弃并烧毁了首都莫斯科，将战争拖至冬日，使得大部分法国军人被冻死。拿破仑回到法国后，重整旗鼓，结果又大败于反法联军。1814年，波旁王朝复辟，拿破仑被迫退位，后被流放到地中海的厄尔巴岛。

12 滑铁卢之战

没过多久，拿破仑从厄尔巴岛返回巴黎，重登帝位。威灵顿将军率领反法联军再次出动，在滑铁卢击溃拿破仑。波旁王朝再度复辟，法兰西第一帝国灭亡。

13 法兰西第二帝国建立

1852年，曾于1848年当选法兰西第二共和国总统的拿破仑之侄路易·波拿巴称帝，建立法兰西第二帝国。他提倡发展实业，并实行自由贸易，取得了一定成效。

14 普法战争爆发

1870年，普法战争爆发，路易·波拿巴率军亲征，失败后被俘，自愿流放到英国。法国共和派在巴黎成立临时国防政府，法兰西第三共和国成立。

法国大革命爆发	法兰西共和国成立	雾月政变	拿破仑称帝	远征莫斯科	滑铁卢之战	法兰西第二共和国建立	法兰西第二帝国建立	普法战争爆发 法兰西第三共和国成立
1789年	1792年	1799年	1804年	1812年	1815年	1848年	1852年	1870年

北
库图佐夫
击败拿破仑的俄罗斯帝国军事元帅
亚历山大二世
他是俄罗斯帝国第十二位皇帝
圣彼得堡
基辅
莫斯科
克里姆林宫
“克里姆林”在俄语中意为“内城”，克里姆林宫位于莫斯科的中心，曾是俄国历代沙皇的宫殿。
伏特加
黑
海
列巴
鱼子酱
柴可夫斯基
作曲家
契诃夫
作家、戏剧家
巴甫洛夫
他是发现条件反射现象的生理学家，也是俄国第一个获得诺贝尔奖的科学家。
列夫·托尔斯泰
俄国作家
里
海
圣瓦西里大教堂
咸海
石油
琥珀
木材
自然资源宝库
门捷列夫
制作出世界上第一张元素周期表的化学家
普希金
他是诗人、作家，被誉为“俄罗斯诗歌的太阳”“俄罗斯文学之父”。
《天鹅湖》
柴可夫斯基创作的芭蕾舞剧

欧洲
俄罗斯帝国
俄罗斯经历过基辅罗斯时代和金帐汗国统治，直到伊凡四世加冕自称沙皇，成为全俄罗斯的独裁者。之后，彼得大帝对外侵略扩张，吞并欧洲、亚洲多个国家。叶卡捷琳娜二世统治时期，俄罗斯帝国达到鼎盛。
冰
洋
雪橇
俄罗斯早期的主要交通工具
淑巴
御寒的皮毛大衣
19世纪初的俄国
叶卡捷琳娜二世
她原为普鲁士公主，先成为俄罗斯帝国的皇后，改名为叶卡捷琳娜·阿列克谢耶夫娜，后来成为沙皇，是俄罗斯历史上唯一一位被冠以“大帝”之名的女皇。
哥萨克骑兵
俄罗斯的主力部队
沙皇
俄罗斯帝国也称“沙皇俄国”，简称“沙俄”。沙皇是对俄罗斯皇帝的称呼。“沙”是古罗马统治者恺撒姓氏的拉丁文转音。
白令
他是探险家、海军将领，白令海峡以他的名字命名。
西伯利亚铁路
世界上最长的铁路
1689年中俄《尼布楚条约》规定的待议地区
乌第河
哥萨克人
“哥萨克”源于突厥语，意为“自由自在的人”。哥萨克人是由出逃的农奴和城市贫民形成的族群，勇敢好战，以打猎、抢劫、游牧为生。
太
平
洋
雅克萨之战
彼得大帝时期，俄罗斯入侵中国黑龙江地区，康熙帝率兵亲征，击退俄军。
贝加尔湖
射击兵
彼得大帝改革前的旧式军队
彼得一世
（1672～1725年）
他是俄罗斯帝国首位皇帝，身高近2米，曾乔装成学徒工在荷兰船厂打工，学习工业技术，回国后大力推动俄罗斯的现代化进程。
农奴
农民与土地的控制权捆绑在一起，由沙皇统一分配给贵族。
近卫军
彼得大帝改革后的新式军队

欧洲

俄罗斯帝国简史

1 基辅罗斯公国建立

公元882年，来自瑞典的瓦兰吉亚人留里克建立的王朝征服基辅，并迁都于此，史称“基辅罗斯公国”。

2 基辅罗斯分裂

基辅罗斯上层不断内斗，使得国家日趋瓦解，逐渐分裂为几个独立公国。

3 “金帐汗国”建立

1242年，成吉思汗的孙子拔都建立钦察汗国。罗斯人看到蒙古大汗帐是黄色的，就称钦察汗国为“金帐汗国”。“金帐汗国”挑拨罗斯王公们相互斗争，以便分而治之。在王公们彼此倾轧的过程中，莫斯科公国崛起了。

4 皇室东渡

东罗马帝国灭亡之后，君士坦丁十一世的侄女——索菲亚公主逃到莫斯科公国，成为大公伊凡三世的王后。从此，莫斯科公国继承了东罗马帝国的宫廷礼仪和双头鹰标志。

5 伊凡四世登基

1547年，“雷帝”伊凡四世正式加冕为沙皇。他南征北战20多年，成功击破蒙古诸汗国，极大扩展了俄国的领土。

6 波兰第一次入侵

1598年，留里克王朝终结后，波兰趁俄国政局动荡时，侵占了大片领土。俄国人民自发组成义勇军，苦战数年，打败波兰军队，收复失地。战后，米哈伊尔·罗曼诺夫成为新沙皇，建立了罗曼诺夫王朝。

7 彼得大帝执政

1682年，彼得大帝成为沙皇，发起现代化改革，强令俄国人改变旧习，全面学习西方文化，并仿照欧洲建立起近代海军。

基辅罗斯公国建立	基辅罗斯分裂	“金帐汗国”建立	皇室东渡	莫斯科公国独立	伊凡四世登基	留里克王朝终结	波兰第一次入侵	罗曼诺夫王朝建立	彼得大帝执政	北方战争开始
公元882年	1054年	1242年	1472年	1480年	1547年	1598年	1604年	1613年	1682年	1700年

8 北方战争

俄国为夺取波罗的海出海口，与瑞典进行了长达21年的战争。最后瑞典把波罗的海沿岸割让给俄国，彼得大帝在此建成新都城——圣彼得堡。

9 叶卡捷琳娜二世上台

1762年，彼得三世在普鲁士战场上出卖俄国利益，引起俄国上层贵族的不满。皇后叶卡捷琳娜二世顺势称帝，她精明能干，完善法制，推进彼得大帝的改革事业，使俄国跻身欧洲强国之列。

10 瓜分波兰

1733年，波兰选举新国王的事宜被欧洲多国介入。最后，波兰被俄国、普鲁士和奥地利瓜分。直到第一次世界大战后，波兰才重获独立。

11 俄土战争

瓜分波兰的同时，俄国与奥斯曼帝国爆发了10多次大战。俄国几乎全胜，从奥斯曼帝国手中抢走了黑海北岸的大片领土，并取得在黑海自由航行的权利。

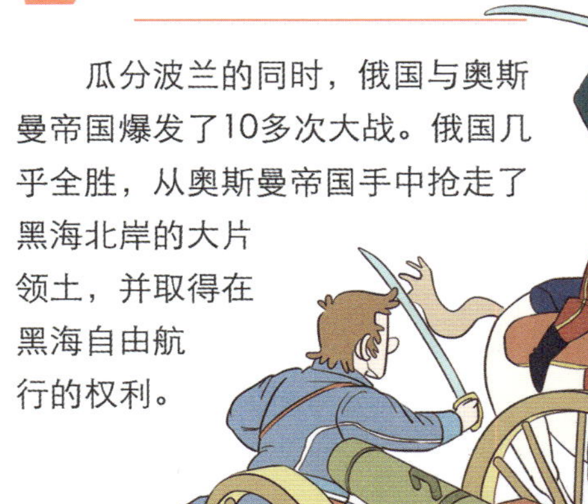

12 卫国战争

拿破仑入侵俄国，严寒之中，法军无法得到补给，大批士兵被冻死。俄军趁机反击，攻下巴黎。之后俄国也被称为“欧洲宪兵”。

13 十二月党人起义

1825年12月，俄国贵族军官发动了俄国历史上第一次试图推翻沙皇专制制度的武装起义，但以失败告终。主犯被枪决，剩下的人被流放至西伯利亚。

14 农奴制改革

农奴制严重阻碍着俄国的发展，为了从根本上改变国家，1861年，沙皇亚历山大二世颁布法令废除农奴制度。之后，在一系列改革的作用下，俄国基本完成工业革命，成为工业强国。

15 1905年革命

1905年10月，爆发全俄工人罢工和农民起义。12月，多个城市爆发武装起义，由于缺乏统一行动纲领，起义相继被镇压。从此，俄国人对沙皇彻底失望，革命思潮开始酝酿。

叶卡捷琳娜上台	第一次俄土战争	瓜分波兰	卫国战争	十二月党人起义	**中俄《瑷珲条约》**	农奴制改革	**中俄《伊犁条约》**	1905年革命	第一次世界大战爆发
1762年	1768年	1772年 1795年	1812年	1825年	1858年	1861年	1881年	1905年	1914年

亚洲 莫卧儿帝国

1526年，蒙古人巴布尔率兵攻入印度北部，不久就击败了德里苏丹国，建立了莫卧儿帝国（“莫卧儿”为“蒙古”一词的变音）。莫卧儿帝国人口众多，手工业发达，工业产出约占当时世界的1/4。后来，莫卧儿帝国陷入军阀割据的局面，英国趁机吞并了它。

阿拉伯海
鹰炮
用于野战的火炮
迫击炮
戈达瓦里河
孟加拉湾
莫卧儿巨炮
用于攻击要塞的火炮
易卜拉欣·罗第
德里苏丹国最后一任统治者
海得拉巴
沙·贾汗
莫卧儿帝国第五任皇帝
炮兵
莫卧儿帝国拥有当时世界上品种最齐全的火炮，炮兵是其主力部队。
骆驼炮兵
骑兵
火枪兵
一个帝王应该专心于征略，否则，他的邻国就会起兵打他。
泰姬陵
沙·贾汗为去世的爱妃泰吉·玛哈尔修建的陵墓
阿克巴大帝
（1542～1605年）
他是莫卧儿帝国第三任皇帝，与波斯的阿巴斯大帝、奥斯曼帝国的苏莱曼大帝，并称“伊斯兰三大帝王”。
印度洋

亚洲 莫卧儿帝国简史

1 第一次帕尼帕特战役

1526年，来自中亚的贵族巴布尔从阿富汗出发，进攻印度，在帕尼帕特打败德里苏丹军队，占领了德里，建立起莫卧儿帝国。

2 胡马雍继位

巴布尔病死后，他的长子胡马雍继位，他们的主要敌人是阿富汗人。1539年，阿富汗人的领袖舍尔沙率军同胡马雍决战。在一次战役中，胡马雍全军覆没，胡马雍逃走。

3 舍尔沙篡国

舍尔沙趁机占领德里，建立阿富汗人的苏尔王朝。后来，舍尔沙在战争中被炸死，他的继承者昏庸无能，苏尔王朝内乱迭起。

4 阿克巴登基

战败后的胡马雍流亡波斯，后来在波斯国王的援助下，趁舍尔沙身亡，率军夺回德里。不过没过多久，胡马雍就意外身亡，他的儿子阿克巴登基。

5 第二次帕尼帕特战役

莫卧儿王朝内乱之际，苏尔王朝军队趁机攻占德里。阿克巴的军队在摄政巴伊拉姆汗率领下反攻，1556年与苏尔军队会战于帕尼帕特。阿克巴军队取胜，莫卧儿帝国政权得以巩固。

6 征服拉其普特

之后，阿克巴的军队攻进邻国拉其普特首都的城堡，征服了拉其普特地区。

7 阿克巴改革

在位期间，阿克巴实行改革，建立行省，按产定级征收税赋，实行宗教宽容政策，积极推动城市建设，使莫卧儿帝国成为当时世界上最富足的国家之一。

8 征服德干

沙·贾汗继位后，出兵吞并了德干高原（印度中部），迫使印度南部诸国称臣。

第一次帕尼帕特战役	胡马雍继位	舍尔沙篡国	阿克巴登基 第二次帕尼帕特战役	征服拉其普特	阿克巴改革	沙·贾汗继位
1526年	1530年	1540年	1556年	1572年 1573年	1574年	1628年

9 奥朗则布继位

沙·贾汗的儿子奥朗则布在皇位继承战争中击败其弟，囚禁沙·贾汗，成为帝国君主。之后，他将帝国版图扩大到除最南端和东北部外的整个印度和阿富汗地区。

10 德干战争

奥朗则布为了把帝国变成伊斯兰教国家，迫害印度教徒。在此期间，南印度信仰印度教的马拉塔人屡败莫卧儿军队。1681年，奥朗则布离开首都，同马拉塔人进行了约20年的德干战争。

11 征服锡克王国

1715年，莫卧儿帝国击败盘踞印度西北部多年的锡克王国，占领了印度河谷，但也耗尽了国力。

12 波斯入侵

1739年，波斯趁着莫卧儿帝国国力虚弱，出兵占领并洗劫了德里。莫卧儿帝国衰微，再无余力控制印度。

13 普拉西战役

1757年，英国殖民者与孟加拉王公在普拉西爆发战争，英军获胜，开始以孟加拉为根据地，吞并印度。

14 布克萨尔战役

莫卧儿皇帝联合各地王公，出兵讨伐驻孟加拉英军。1764年，双方在布克萨尔开战，最终联军战败，莫卧儿皇帝投降，沦为英国的傀儡。

15 反英大起义

1857～1858年，印度人民发起了反对英国东印度公司殖民统治的大起义，但被英军残酷镇压。事后，英国罢黜了莫卧儿帝国末代皇帝，印度完全沦为英国的殖民地。

征服德干	泰姬陵建成	奥朗则布继位	德干战争	征服锡克王国	波斯入侵	普拉西战役	布克萨尔战役	反英大起义爆发
1633年	1653年	1658年	1681年	1715年	1739年	1757年	1764年	1857年

亚洲·中国清朝

清朝历经200多年，共12位皇帝。清朝前身是女真人努尔哈赤建立的“大金”（史称“后金”）。为了政治的需要，皇太极把国号改为“大清”。清朝前期有天下无敌的八旗士兵，开创了一个比明朝版图更大的帝国，但后来因闭关锁国而渐渐落后于世界。鸦片战争后，清朝就开始了屈辱的被侵略史。

古国界
未定 今国界

黄龙旗
清朝曾经的国旗

满清八旗

正黄旗 正白旗 正红旗
镶黄旗 镶白旗 镶红旗

翠玉白菜

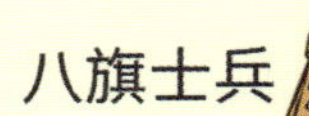
八旗士兵

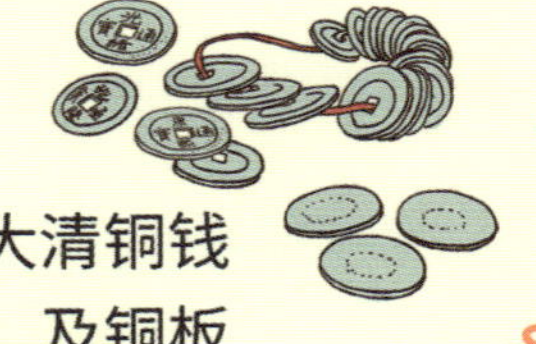
大清铜钱及铜板

伊犁

《康熙字典》
这是康熙时编纂的字典，收录汉字47035个。

康熙皇帝

雍正皇帝

乾隆皇帝

左宗棠
平定陕甘叛乱、收复新疆的晚清重臣

清代掐丝珐琅

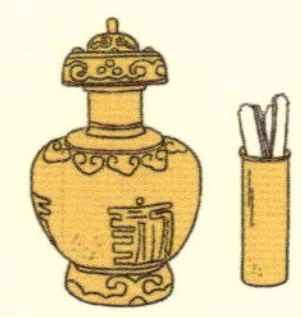
金瓶掣签
藏传佛教用金瓶抽签的方式认定活佛转世灵童

郎窑红瓷器
一种颜色鲜艳的红釉瓷器

曹雪芹
著有《红楼梦》的文学家

贾宝玉和林黛玉
《红楼梦》中的主人公

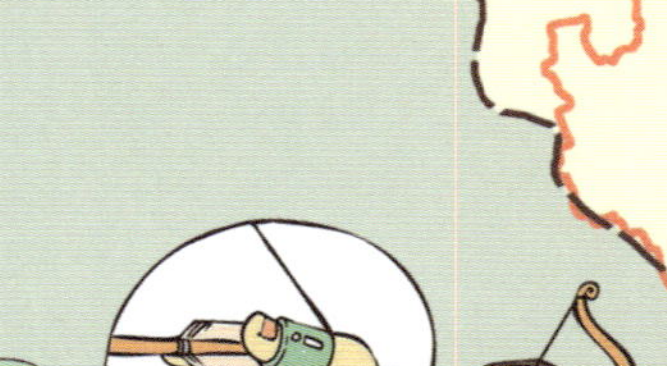
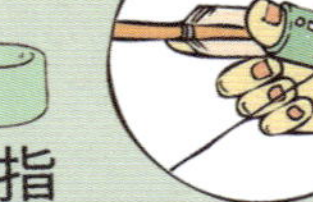
扳指
扳指原为用驼鹿角制成的套在右拇指上的拉弓射箭用具，后成为饰品。

藏戏面具

喇嘛

转经轮

拉萨
（今西藏自治区拉萨市）

满汉全席
清朝宫廷的盛大宴席

朝珠
官员戴在脖子上的珠串

晚清旗装

剃发易服
清军入关后，强迫汉人按照他们的习俗，剃发留辫，改穿满族服饰。

顶戴花翎
官员所戴的帽子

清代男子发型变化
初期
中后期
早期

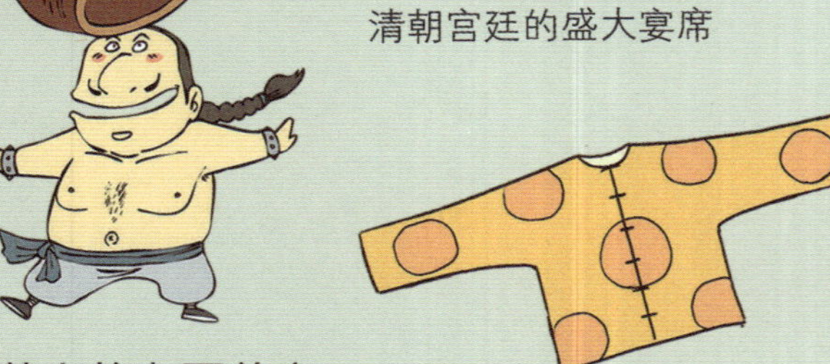
市井上的杂耍艺人

黄马褂
清朝的一种官服

长袍马褂
清朝男子的服饰

官服

官靴

大贪官和珅

正蓝旗
镶蓝旗
八旗服饰
正黄
镶黄
正白
镶白
正蓝
镶蓝
正红
镶红
中俄《尼布楚条约》待议地区
李鸿章
晚清重臣、洋务运动领袖
库伦
努尔哈赤
清太祖、清朝的实际创立者
沈阳故宫
承德避暑山庄
皇家避暑胜地
被烧毁的圆明园
奉天
(今辽宁省沈阳市)
大东沟
甲午海战
北京
慈禧太后
垂帘听政的皇太后
黄河
英法联军
渤海
杨柳青年画
流行于清朝民间的木版年画
北洋水师
东大洋
清
四库全书
曾国藩
平定太平天国运动的晚清重臣
《四库全书》
这是中国现存规模最大的手写综合性丛书，乾隆时期编纂，基本收录了中国古代所有重要著作。
江宁
(今江苏省南京市)
上海
江南制造总局
南大洋
长江
烟枪
鸦片
舞狮表演
鼻烟壶
这是盛鼻烟的容器，后成为一种工艺美术品。
林则徐
他是道光时期的大臣，力主禁烟自强，于虎门公开销毁鸦片。
广州
虎门
东沙
清政府采取闭关锁国的政策，隔绝对外交往，只开放广州一地通商。
施琅
康熙时期奉命收复台湾的水师提督
康有为和梁启超
二人都是倡导变法强国的思想家
万里长沙
南海
清
广州
东沙
万里长沙
南海
千里石塘
南海

亚洲·中国清朝简史

1 后金建国

清朝的前身称为后金，是东北地区的女真人建立的。当时，女真分为好几个部，相互攻伐，还受明朝的欺凌。后来努尔哈赤凭借13副铠甲起兵，统一了女真各部。

2 改号为『清』

努尔哈赤去世后，皇太极继位。1636年，皇太极把国号改为“清”，清朝正式建立了。

4 郑成功收复台湾

郑成功抗清失败后，转向赶走了荷兰殖民者，收复了台湾。

3 清军入关

1644年，李自成率领的农民起义军推翻明朝。清军联合驻守山海关的明将吴三桂又打败了李自成，趁机进关，占据了北京。

5 康熙除鳌拜

清朝第四位皇帝康熙，是位很能干的皇帝。他8岁登基，14岁亲政，16岁召集少年侍卫，铲除了独霸朝政的权臣鳌拜。

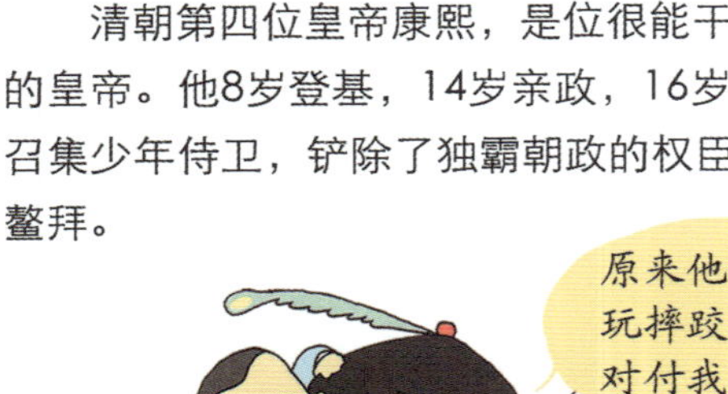

6 三藩之乱

之后，康熙用8年的时间，平定了云南、广东和福建3个藩王的叛乱。

7 抗击沙俄

康熙还狠狠教训了侵占雅克萨和尼布楚的沙俄军队。

8 征讨噶尔丹

康熙扫除了蒙古的噶尔丹，解除了清朝北方最大的威胁。

9 康乾盛世

通过康熙、雍正和乾隆祖孙三代的努力，清朝达到了顶峰，这一时期被称为“康乾盛世”。

10 闭关锁国

乾隆皇帝后期变得骄傲自大，认为清朝天下第一，又怕百姓与洋人的来往会影响自己的统治，就开始闭关锁国。结果使中国落后西方而不自知。

后金建国	改号为“清”	清军入关	郑成功收复台湾	康熙除鳌拜	三藩之乱		清政府统一台湾	雅克萨之战开始	中俄《尼布楚条约》签订	征讨噶尔丹	乾隆继位
1616年	1636年	1644年	1662年	1669年	1673年	1681年	1683年	1685年	1689年	1690年	1735年

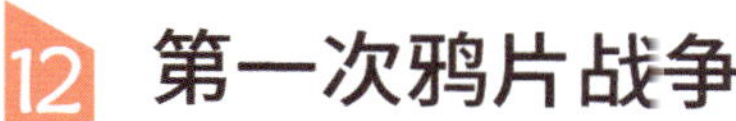

11 虎门销烟

清朝后期，西方列强利用毒品鸦片作为入侵的主要手段。鸦片危害巨大，钦差大臣林则徐在虎门公开销毁鸦片，扣留了贩卖鸦片的英国商人。结果，英国借机出兵，两国之间爆发了战争。

12 第一次鸦片战争

1840年，英国以虎门销烟等为借口，派出远征军侵华，清军根本无力抵抗英国的坚船利炮，一败涂地，被迫求和，割地赔款。这场战争是由鸦片引起，所以被称为“鸦片战争”。

13 不平等条约

此后，西方列强发现清政府软弱无能，开始用武力逼迫清廷与他们签订一份又一份不平等条约，使得中国丧失了大量的领土和财富。

14 火烧圆明园

1856年，英国和法国联合发动了第二次鸦片战争。1860年，英法联军攻入北京城，洗劫了圆明园，最后一把火烧毁了这座“万园之园”。

15 洋务运动

经历了两次鸦片战争，一些当权者认识到了清朝与西方的差距。他们组成洋务派，倡导学习西方的科学技术，引进西方军事装备，创立了中国第一批近代企业。

16 中日甲午战争

明治维新后的日本野心膨胀，挑衅朝鲜、中国。1894年，日本海军在朝鲜丰岛突袭中国的运兵船，不宣而战。因这一年是中国干支纪年的甲午年，历史上称之为“中日甲午战争”。

17 戊戌变法

为了强国，光绪帝任用康有为、梁启超等人实行变法。但由于慈禧太后和保守派的反对，变法仅仅维持了103天，最终失败。

18 《辛丑条约》签订

1900年，八国联军攻入北京。1901年，清政府被迫签订《辛丑条约》，向列强赔款4.5亿两白银，分39年还清，连利息在内共9.8亿多两。

19 辛亥革命

1911年，孙中山领导的辛亥革命彻底瓦解了清朝的统治。第二年，清朝最后一位皇帝溥仪宣布退位。从此，在中国持续2000多年的封建帝制结束了。

关闭江苏、浙江、福建海关	虎门销烟	第一次鸦片战争	中英签订《南京条约》	火烧圆明园	洋务运动	中日甲午战争	戊戌变法	《辛丑条约》签订	辛亥革命
1757年	1839年	1840年	1842年	1860年		1894年	1898年	1901年	1911年

1831年，英国物理学家法拉第发现了电磁感应现象，提供了制造发电机的基本原理。
1867年，瑞典化学家诺贝尔发明了炸药。
1897年，意大利电气工程师马可尼发明了无线收发电报机。
1881年，德国电气工程师西门子发明了有轨电车（简称“电车”）。
19世纪80年代，德国企业家本茨等人设计出内燃机。1885年，本茨制成用内燃机驱动的汽车，因此被称为“汽车之父”。我们中国人说的“奔驰”车就是来自本茨姓氏的音译。
1879年，美国发明家爱迪生成功研制耐用碳丝灯泡。

迈入“电气时代”
835年，美国发明家莫尔斯在
实验室内成功架设有线电报机。
837年，他在纽约大学的会议
室里，架设了518米长的导线，
获得通报实验成功，电报机由
此诞生。
1894年，法国路易·卢米埃尔和奥古斯特·卢米埃尔发明了活动电影放映机。卢米埃尔兄弟因此被称为“现代电影之父”。
1876年，美国发明家贝尔试验出世界上第一台可用的电话机。
欢迎来到第二次工业革命博览会。19世纪70年代开始，电力逐步取代蒸汽，成为工厂机器的主要动力，人类社会迈入“电气时代”。爱迪生发明了电灯，贝尔发明了电话。还有什么电器是这个时候出现的呢？我们一起去博览会看看吧！
866年，德国电气工程师西门子成功研制发电机。
1903年，美国威尔伯·莱特和奥维尔·莱特以内燃机为动力，成功驾驶飞机升上天空。

美洲

美利坚合众国

美利坚合众国简称“美国”，是一个年轻的国家，源于英国殖民者在北美洲建立的13个殖民地。独立战争后，美国摆脱了英国的统治。此后，美国开始了西进运动，不断对外扩张领土。随着世界各地人民大量移居美国，美国也在工业、科技等领域快速发展，逐渐成为综合国力世界第一的超级大国。

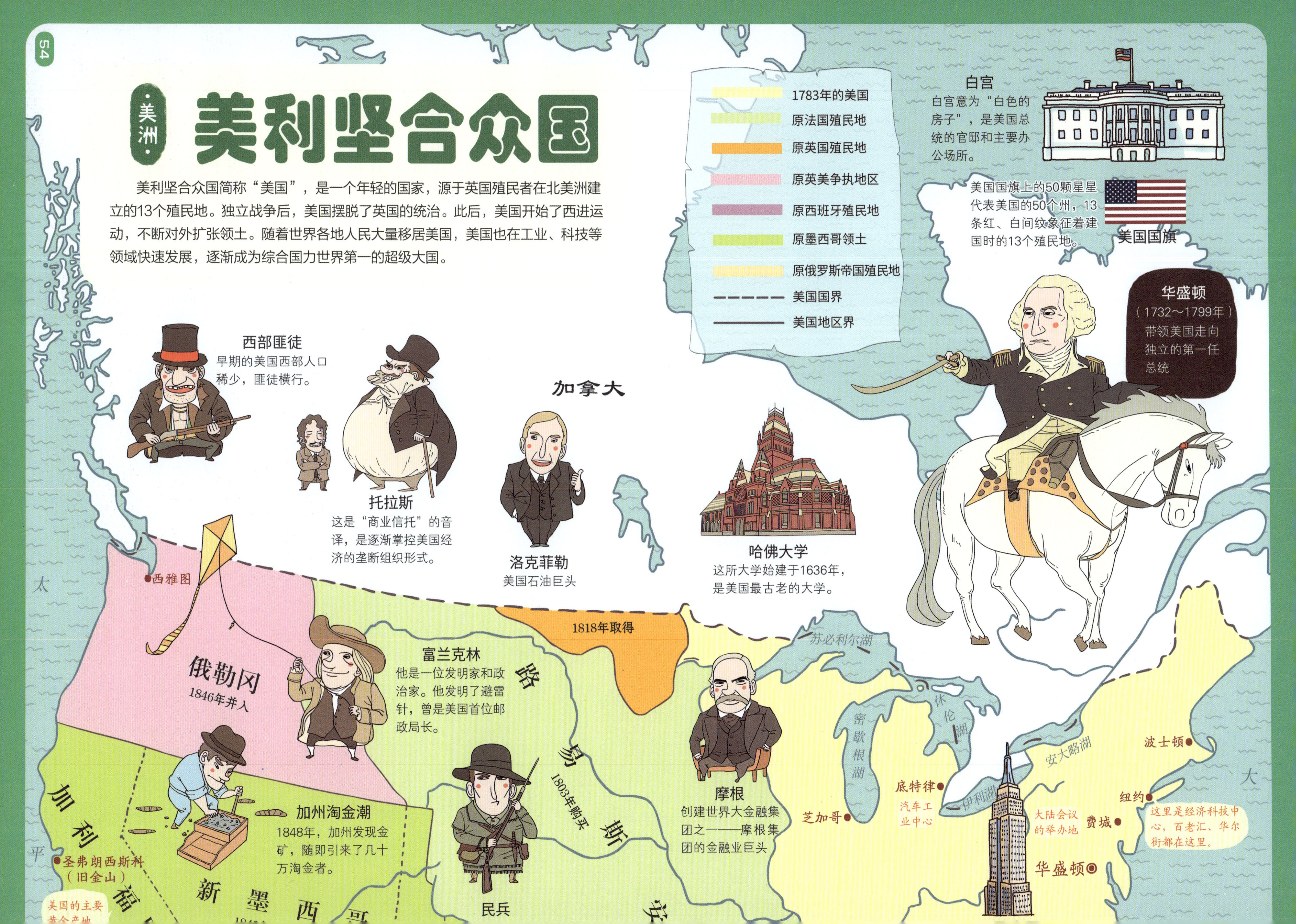

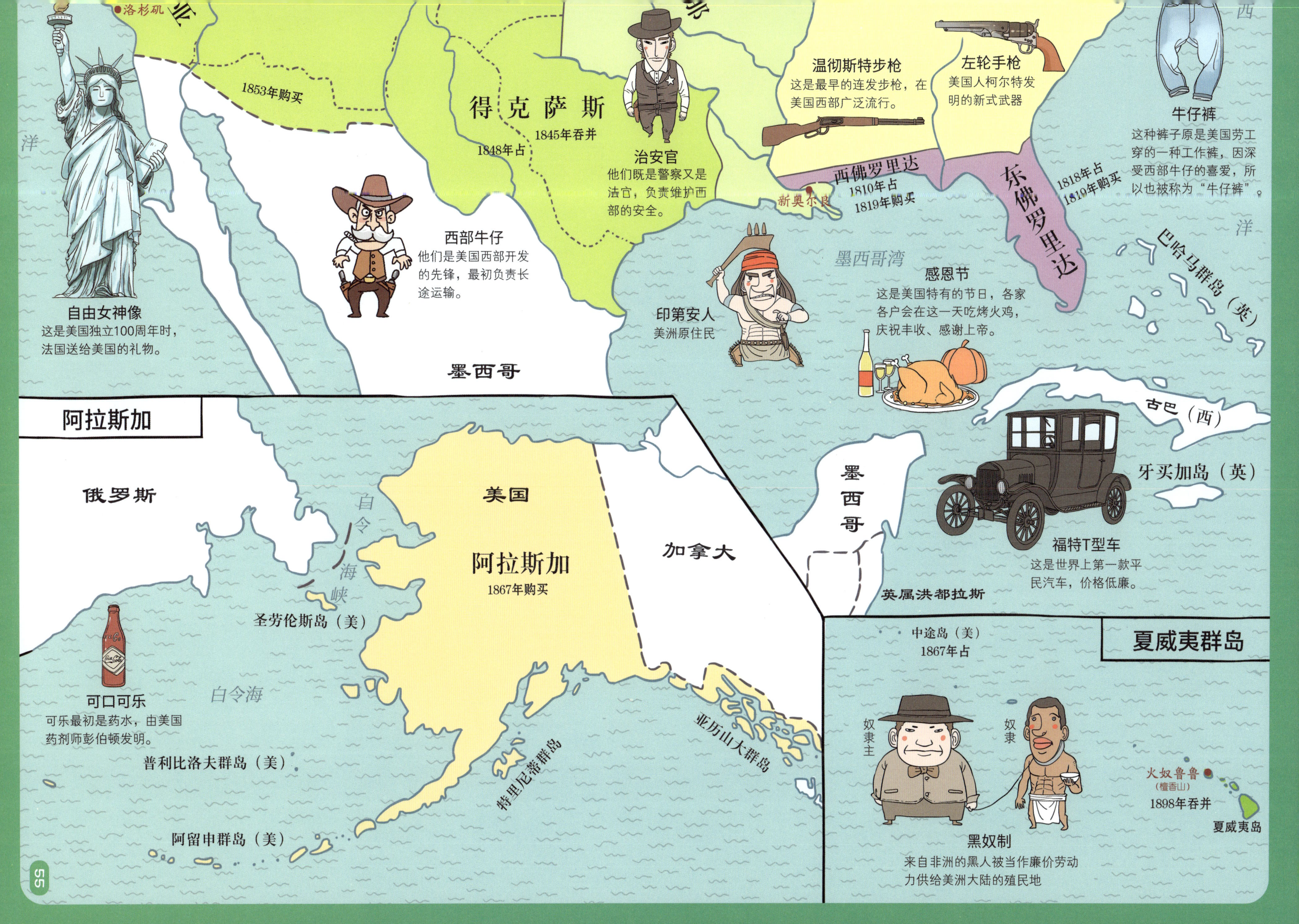
洛杉矶
1853年购买
得克萨斯
1848年占
1845年吞并
治安官
他们既是警察又是法官，负责维护西部的安全。
温彻斯特步枪
这是最早的连发步枪，在美国西部广泛流行。
左轮手枪
美国人柯尔特发明的新式武器
牛仔裤
这种裤子原是美国劳工穿的一种工作裤，因深受西部牛仔的喜爱，所以也被称为“牛仔裤”。
西佛罗里达
1810年占
1819年购买
新奥尔良
东佛罗里达
1818年占
1819年购买
洋
自由女神像
这是美国独立100周年时，法国送给美国的礼物。
西部牛仔
他们是美国西部开发的先锋，最初负责长途运输。
墨西哥
印第安人
美洲原住民
墨西哥湾
感恩节
这是美国特有的节日，各家各户会在这一天吃烤火鸡，庆祝丰收、感谢上帝。
巴哈马群岛（英）
古巴（西）
牙买加岛（英）
福特T型车
这是世界上第一款平民汽车，价格低廉。
英属洪都拉斯
阿拉斯加
俄罗斯
美国
阿拉斯加
1867年购买
加拿大
白令海峡
圣劳伦斯岛（美）
白令海
可口可乐
可乐最初是药水，由美国药剂师彭伯顿发明。
普利比洛夫群岛（美）
阿留申群岛（美）
特里尼蒂群岛
亚历山大群岛
夏威夷群岛
中途岛（美）
1867年占
奴隶主
奴隶
黑奴制
来自非洲的黑人被当作廉价劳动力供给美洲大陆的殖民地
火奴鲁鲁
（檀香山）
1898年吞并
夏威夷岛

美洲

美利坚合众国简史

1 《五月花号公约》

1620年，一批英国清教徒乘坐“五月花号”前往北美大陆，在船上制定了《五月花号公约》，约定建立自我管理的自治团体。

3 波士顿惨案

1770年，英军与平民在波士顿发生冲突，导致5名平民被杀，数人受伤。

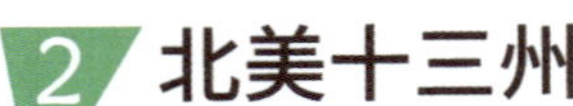

2 北美十三州

“五月花号”抵达北美100多年后，英国移民陆续建立起13个殖民地。北美殖民地高度自治，人口已达百万，但须向英国缴纳赋税。

4 波士顿倾茶事件

1773年12月16日，波士顿人伪装成印第安人冲上英国货船，把342箱茶叶倒入海中，以抗议英国向北美征收高额茶税。英国当即宣布要对北美殖民地进行军事制裁。

5 莱克星顿的枪声

1775年，英军前往莱克星顿村镇压独立运动者，结果被北美殖民地民兵伏击，就此揭开北美独立战争的序幕。

6 北美独立战争

莱克星顿的枪声鼓舞了殖民地人民，各地人民纷纷同英军展开武装斗争。1776年，大陆会议通过《独立宣言》，宣告北美13个殖民地脱离英国并独立。1783年，英国正式承认13个殖民地的独立地位。总司令华盛顿当选第一任美国总统，美利坚合众国成立。

7 西进运动

18世纪末，美国东部居民在政府的支持下向西部扩张、移民和开发。在这过程中，大批印第安人惨遭屠杀。

8 美国工业革命

18世纪末，美国开始抓住第二次工业革命的契机，迅速完成了工业化，工业生产规模不断扩大。

《五月花号公约》诞生	波士顿惨案	波士顿倾茶事件	莱克星顿的枪声	《独立宣言》颁布	西进运动 美国开始工业革命	美英战争	门罗主义诞生
1620年	1770年	1773年	1775年	1776年	18世纪末	1812年	1823年

9 美英战争

美国独立后，英国仍不断干涉美国内政。1812年，美国以捍卫国家独立和争夺加拿大殖民地为由，向英国宣战。英军虽然攻占了华盛顿，焚烧了白宫及国会大厦，但被美军多次挫败。1814年，双方签订合约，英国再次承认美国独立，而美国放弃侵占加拿大。

10 门罗主义诞生

1823年，总统门罗发表宣言，强调欧洲列强不应再干涉美洲事务，美国也不会干涉欧洲各国争端。此后的100年里，美国对欧洲事务保持中立，同时加速入侵拉丁美洲和亚洲。

11 美墨战争

1846年，美国又战胜邻国墨西哥，夺取了墨西哥约230万平方千米的土地，一跃成为地跨大西洋和太平洋的大国。

12 废奴运动

1859年，美国北方工商业者发起声势浩大的废奴运动，要求南方种植园废除黑人奴隶制。美国南北矛盾日益激化，1860年，南方先后有11个州宣布独立，另立南部同盟。

13 美国南北战争

1861年，林肯总统向南方宣战。战争持续了4年，最后南方物资断绝，无力继续维持战争，被迫投降，北方宣告获胜。

14 芝加哥工人大罢工

1886年5月1日，芝加哥工人罢工游行，要求实行8小时工作制。抗议活动持续多日，后遭芝加哥警察开枪镇压，造成多名工人死伤。为纪念这次壮烈的工人运动，第二国际宣布将每年的5月1日定为国际劳动节。

15 美西战争

1898年，美国击败西班牙，夺取了加勒比海的古巴和波多黎各、太平洋的关岛及菲律宾群岛。通过这一次战争，美国将版图扩大到亚洲地区。

16 镀金时代

对外扩张的同时，美国利用充足的人口资源大力发展国内工业，又抓住时机大力发展科技、金融，逐渐成为世界强国。

美墨战争爆发	废奴运动	美国南北战争		芝加哥工人大罢工	美西战争爆发	镀金时代	**第一次世界大战爆发**
1846年	1859年	1861年	1865年	1886年	1898年	19世纪末	1914年

欧洲·德意志帝国

16世纪初，德意志的一个邦国——普鲁士崇尚武力、纪律严明，逐渐成为欧洲的军事强国。1871年，普鲁士统一了德意志地区，建立起德意志帝国，简称德国。德国抓住第二次工业革命的机遇，迅速崛起，成为世界一流强国，但也引起了英国、法国等老牌帝国的不满。1914年，第一次世界大战爆发，德意志帝国战败，1918年灭亡。

1871年德意志帝国的疆界

汉堡

不莱梅

科隆

法兰克福

慕尼黑

莱茵河

忠君、忠国、纪律、苦干！

义务教育

德国规定国民在适当年龄必须上学。1911年，德意志帝国有超过3.9万所学校。

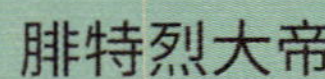

腓特烈大帝

他是普鲁士国王。他骁勇善战，28岁即位，使普鲁士成为欧洲军事强国。

各种各样的香肠

黑麦

黑面包

容克

普鲁士的贵族和大地主

普鲁士军团

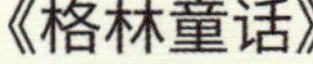

《格林童话》

格林兄弟出版的一本著名童话故事集

有轨电车

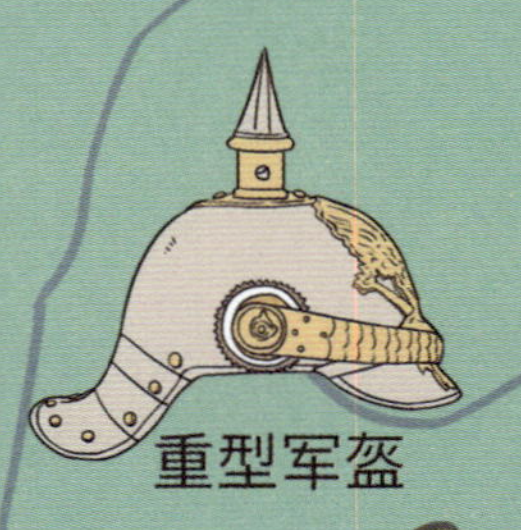

重型军盔

黑鹰勋章

普鲁士王国最高级别勋章

“国王号”战列舰
世界上最早的煤、油混合动力军舰
陶器
慕尼黑啤酒节
这一节日又称“十月节”，是德国的盛大狂欢节，最初为庆祝巴伐利亚王子婚礼而举办，至今已有200多年历史。
尼采
哲学家
恩格斯
他是马克思的挚友，德国的思想家、哲学家。马克思逝世后，他将马克思留下的手稿、遗著整理出版，并成为国际工人运动的领袖。
马克思
他是德国的思想家、政治学家、哲学家，和恩格斯一起创立马克思主义，共同撰写《共产党宣言》。
德国啤酒
纯正啤酒的代名词
啤酒原料之一
啤酒花
维
斯
瓦
河
柏林洪堡大学
这所大学是世界上第一所新制大学，黑格尔、马克思、俾斯麦、爱因斯坦都是从这里毕业的。
柏林
克虏伯大炮
它的射程是当时其他国家大炮的2倍，威力巨大。
克虏伯
他是军火制造商、克虏伯公司的奠基人。他生产的大炮曾使俾斯麦先后战胜了奥地利和法国。
要完成德意志统一，只有靠铁与血的斗争。
工伤
养老
社会保险
俾斯麦时期，德意志帝国首创了社会保障制度。人们只要缴纳很少的保险费用，就可以在发生意外后，领取很多的赔偿。
穆斯考尔公园
这是热衷园林设计的赫尔曼大公在1815～1844年建造的景观公园，2004年被列入《世界遗产名录》。
俾斯麦
(1815～1898年)
他领导普鲁士王国战胜了周边强敌，建立起统一的德意志帝国，被称为“铁血宰相”。
瑙
河

欧洲

德意志帝国简史

1701年	普鲁士王国建立
1762年	勃兰登堡王室奇迹
1834年	关税同盟
1848年	《共产党宣言》出版
1864年	普丹战争
1866年	普奥战争
1870年	普法战争
1871年	德皇加冕
1881年	威廉一世颁布《德国社会政策大宪章》
1882年	德国、奥匈帝国、意大利缔结三国同盟
1898年	颁布《海军法案》
1914年	第一次世界大战爆发

1 普鲁士王国建立

1618年，勃兰登堡侯爵与普鲁士公主联姻，组成勃兰登堡-普鲁士公国。1701年，两国正式合并，普鲁士王国成立。

2 勃兰登堡王室奇迹

“七年战争”中，普鲁士战败于俄国，险些亡国。这时俄国沙皇伊丽莎白女皇过世，亲近普鲁士的彼得三世继位，他与普鲁士国王腓特烈二世订立同盟，普鲁士也因此“死里逃生”。

3 关税同盟

普鲁士领导周边邦国，组成关税同盟（类似于今天的欧盟）后来，关税同盟逐渐扩展到除奥利外的整个德意志地区。

4 《共产党宣言》出版

1848年2月24日，马克思和恩格斯合著的《共产党宣言》在伦敦第一次出版。这个宣言是共产主义者同盟第二次代表大会委托马克思、恩格斯起草的同盟纲领。

5 普丹战争

1864年，普鲁士和奥地利联手向丹麦开战，丹麦战败，但普鲁士和奥地利在分割丹麦控制的德意志地区问题上没有达成一致。

6 普奥战争

1866年，普鲁士和奥地利开战，普军以装备优势战胜奥军。奥地利与普鲁士达成停战协议，承诺永不插手德意志任何事务。

7 普法战争

普奥战争前，普鲁士曾以领土为诱饵，要求法国保持中立。战争结束后，法国向普鲁士索要领土，普鲁士拒不认账。愤怒的法国人挑起了普法战争，却以失败告终，拿破仑三世也被俘虏。

8 德皇加冕

紧接着，普鲁士军队攻入巴黎，逼迫法国签下屈辱条约，割地赔款。1871年1月18日，普鲁士国王威廉一世在凡尔赛宫加冕为德意志皇帝，德意志帝国成立。

社会福利改革 9

在俾斯麦的主持下，德意志帝国推动医疗、工伤、养老等福利改革，建立起世界上第一个现代社会福利体系。

10 工业革命

20世纪初，德国完成了工业革命，科学技术、机械制造达到世界领先水平，经济飞速增长，成为仅次于美国和英国的世界第三大工业和经济强国。

11 颁布《海军法案》

威廉二世登基后，促使议会通过《海军法案》，加紧扩充海军，准备与英国争夺海上霸权。

新天鹅堡

这座城堡坐落于阿尔卑斯山天鹅湖畔，是一座童话般的美丽城堡。城堡建于1869年，由巴伐利亚国王路德维希二世主持修建，据说他十分喜欢天鹅，城堡内部也有许多天鹅形象的装饰。

日本

日本意为“日出之国”，是一个善于学习外来文化、崇尚武力的国家。古代日本把中华文明视为老师，长期学习中国的政治和文化制度等。到了近代，西方国家强大，日本又迅速调整国策，以西方大国（主要是德国）为榜样，从而跻身世界强国之列。

天皇宫廷所在地
德川幕府所在地
被迫开放港口

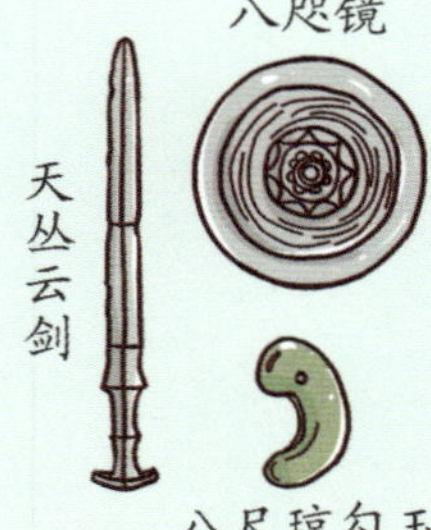

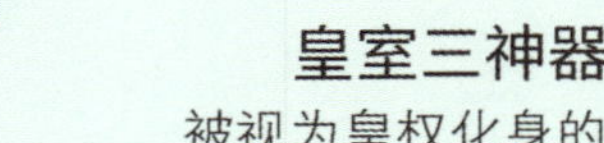

皇室三神器
被视为皇权化身的皇室国宝

汉委（wō）奴国王金印

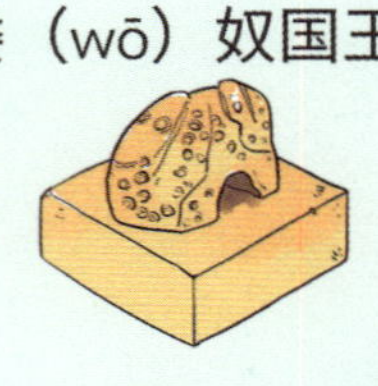

明治天皇
日本第一百二十二代天皇

天照大神
她是日本神话中的太阳女神，天皇自称是天照大神的子孙。

紫式部
著有《源氏物语》的女作家

推古天皇
日本历史上第一位女天皇

和服

うウえエ
假名
日本人借鉴汉字偏旁创造的日本文字所用的字母

大名
他们是一方诸侯，也是某些土地或庄园的领主。

艺妓

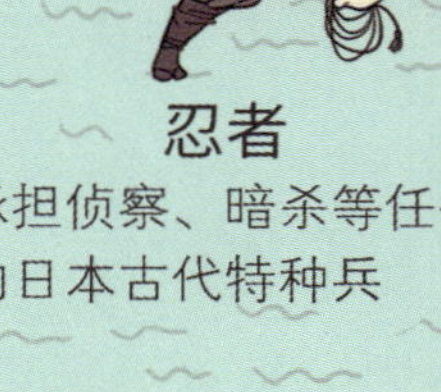

忍者
承担侦察、暗杀等任务的日本古代特种兵

金阁寺
金阁寺的正式名称为“鹿苑寺”，位于日本京都，因为核心建筑舍利殿的外墙上贴有金箔，得名“金阁寺”。

倭寇
通常由浪人组成的侵略朝鲜、中国沿海各地和南洋的日本海盗集团

相扑

桃太郎
日本民间故事中的小英雄

维新军

浪人
到处流浪、居无定所的穷困武士

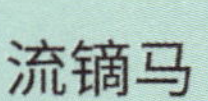

流镝马
这是日本古武艺之一。武士在奔驰的骏马上，瞄准箭靶，连续发射响箭三次。

足轻
主要由平民组成的日本古代低等步兵

法隆寺五重塔
这座塔位于日本奈良的法隆寺，模仿中国唐朝时的木结构佛教建筑建造，是日本最古老的塔，历经1300多年而不倒。

拔刀术
这是一种日本古武艺，追求快速出刀，一击毙命。
狂言
日本传统相声
源赖朝
他夺取天皇大权，创立幕府制，成为第一个将军。
虾夷（今北海道）
幕府军
幕府
幕府是将军府，后来一度成为日本的统治机构，天皇成为摆设。
将军
将军是武士的首领，官方全称是“征夷大将军”，曾是日本的实际统治者。
日本刀
这是仿照唐直刀制成的武器，主要有太刀（长）、打刀（中）、胁差（短）3种。
函馆
（五棱郭）
日本战国三杰
德川家康
织田信长
丰臣秀吉
德川庆喜
被迫将大权归还给明治天皇的最后一位将军
涩泽荣一
一生创办了500多家企业的“日本企业之父”
管理、建筑、泡茶和下棋这些科目，我们都学。
日本新军
日本效仿德国军队组建的近代化军队
铁炮军
这是织田信长的主力军队，装备了先进的葡萄牙火枪。
本州
大阪烧
寿司
饭团
江户
（1868年后改称东京）
横滨
下田
姬路城
这是位于兵库县姬路市的古代城堡，被誉为“日本第一名城”，1333年开始筑城，1618年才基本完成。
福泽谕吉
提出“脱亚入欧”理论的日本近代教育家
脱亚入欧
日本脱离中国文明，向西方学习，全面西化。

亚洲 日本简史

1 大和国统一

日本传说认为，本州岛的大和国征服了120多个土著部落，统一日本，统治者改称“天皇”。神武天皇是日本历史上第一位天皇。

2 大化改新

公元646年，孝德天皇（年号“大化”）发布《改新之诏》，日本开始全面学习唐朝，派出大批遣唐使，将唐朝的法律、制度和文化带回日本。

3 幕府时代

从11世纪起，武士阶层快速崛起，天皇被架空，源氏家族掌握国家大权，建立了武士阶层的统治政权——幕府。此后的600多年里，日本都处于幕府时代。

4 关原之战

1600年，日本将军德川家康在关原大战中击败石田三成，掌握全国政权。1603年，日本最后一个幕府——德川幕府建立，定都江户（后改名东京）。

5 黑船事件

1853年，美国的四艘黑色军舰驶入江户外海，炮口对准岸上。德川幕府自知无法战胜美国，便全盘接受了不平等条约，被迫开启国门。

6 倒幕运动

黑船事件过后，部分武士意识到日本将可能和其他亚洲国家一样沦为西方国家的殖民地，便提出“尊王攘夷”的口号，试图推翻幕府统治，推动国内改革。

7 戊辰战争

1868年，在倒幕派的推动下，明治天皇宣布废除幕府。不甘心的德川庆喜进军京都，但最终战败。

倭奴国朝贡东汉	大和国统一	大化改新	鉴真法师东渡日本	幕府时代开始	元军入侵日本	室町幕府统治全国	入侵朝鲜	明军击败日本
公元57年	公元5世纪	公元646年	公元753年	1192年	1274年	1338年	1592年	1598年

8 明治维新

明治天皇重掌大权后，推行了一系列新政策，力图让日本转型为现代化国家，实现“脱亚入欧”。

9 岩仓使团出访欧美

1871年，明治天皇派遣岩仓使团出访欧美。岩仓使团目睹欧美文明发展成果，大为震惊，回国后积极推动日本的全面工业化改革。

10 西南战争

1877年，明治政府着手收缴各藩军权，西乡隆盛领导九州武士发起叛乱，但很快被镇压。

11 中日甲午战争

1894年，日本出兵朝鲜，突袭中国海陆军。中日爆发战争，日本在平壤战役、黄海海战获胜后，侵入中国本土。清政府被迫签订《马关条约》。

12 日俄战争

为了争夺朝鲜半岛和中国辽东半岛的控制权，日本又与俄国在中国东北爆发战争，日本获胜。经此一战，日本跻身世界列强。

13 吞并朝鲜

1910年，日本吞并朝鲜。从此，日本大量掠夺朝鲜资源，对朝鲜人民实行奴化教育，并血腥镇压了朝鲜的“三一独立运动”。

原之战	德川幕府统治建立	黑船事件	倒幕运动	戊辰战争 明治维新	岩仓使团出访欧美	西南战争	中日甲午战争	日俄战争	吞并朝鲜	**第一次世界大战爆发**
600年	1603年	1853年	1867年	1868年	1871年	1877年	1894年	1904年 1905年	1910年	1914年

齐柏林飞艇
曾轰炸英国伦敦的德国飞艇
U型潜艇
曾创造过1艘潜艇击沉3艘英国战列舰的成绩的德国海军主力
英国皇家“橡树号”战列舰
当时最先进的战列舰
要让德国佬知道世界老大的厉害！
乔治五世
英国国王
英国战地救护车
英
国
伦敦
荷
兰
布鲁塞尔
比
利
时
巴黎
威廉二世
德意志帝国末代皇帝
喷火兵
装备喷火器的士兵
德国
挪
威
瑞
典
丹
麦
波
罗
的
海
“红男爵”里希特霍芬
他是“一战”中最出名的德国战斗机飞行员，共击落80架飞机。
坦克
机枪
装甲车
武装摩托
尼古拉二世
俄罗斯帝国最后一任沙皇
奥匈帝国士兵
奥斯曼帝国士兵
英国士兵
俄国士兵
德国士兵
法国士兵
“一战”中的各国士兵
大贝尔塔重型榴弹炮
这种榴弹炮射程34200米，可承载约750千克火药。
俄
罗
斯
装甲列车
号称“陆地战舰”的用于作战的火车
世界上最早的雷达
这种雷达通过听音器监听飞机的噪音
野战无线电台
利用双人自行车发电机驱动的德军通信装备

·世界· 第一次世界大战

两次工业革命后，欧洲成为世界上最先进、最富有的地区，但繁荣背后暗藏着各国之间争夺世界霸权、抢占势力范围的激烈矛盾。1914年，奥匈帝国的王储在萨拉热窝被塞尔维亚爱国青年暗杀，战火被点燃并延烧至全球，“第一次世界大战”就此开始。

世界 第一次世界大战简史

1 萨拉热窝事件

1914年，奥匈帝国皇储斐迪南大公在萨拉热窝被塞尔维亚民族主义者枪杀，奥匈帝国立即向塞尔维亚宣战。之后，以德国为首的同盟国向以英国为首的协约国全面宣战。

2 第一次马恩河战役

1914年9月，德军逼近巴黎，在英国远征军支援下，法军发起反攻，迅速包围了德军主力。德军战败，撤退到法国西北部，由此双方转入阵地战阶段。

3 加利波利战役

1915年，英法联军在澳新军团支援下，于土耳其达达尼尔海峡上的加利波利半岛登陆，企图直捣伊斯坦布尔，但遭到了土耳其军队的顽强抵抗。协约国军队虽然付出了巨大代价，但始终未在加利波利半岛占得丝毫便宜。

4 凡尔登战役

1916年2月起，德国进攻法国凡尔登要塞，用了近1年时间也未能占领凡尔登。德国、法国总共投入100多个师的兵力，双方伤亡超过75万人，所以这场战争也被称为“凡尔登绞肉机”。

5 日德兰海战

1916年5月31日～6月1日，德国海军为突破英国的海上封锁，在丹麦的日德兰半岛海域与英国激战两天，但仍未突破封锁。这是“一战”中规模最大的海战。

6 索姆河战役

1916年7月，英法联军为突破德军防线，在索姆河区域实施作战。这场战役持续了4个多月，双方共有100多万士兵伤亡，是“一战”中消耗最大的战役，也被称为“索姆河地狱”。

1882年	1893年	1907年	1914年6月	1914年8月	1914年9月	1915年5月	1916年2月	1916年5月
德国、奥匈帝国、意大利三国同盟建立	英国、法国、俄国三国协约形成		萨拉热窝事件	俄军进攻德国	第一次马恩河战役	加利波利战役	凡尔登战役	日德兰海战

7 美国参战

1915年5月，德国击沉一艘载有百名美国人的英国邮轮，引发美国不满。1917年2月起，德国实行无限制潜艇战。随后，美国借此加入协约国，成为改变战局的关键因素。

8 第三次伊普尔战役

俄国爆发“十月革命”后，宣布退出“一战”。协约国担心德国把东线军队调回西线，决定在比利时伊普尔先发制人，但仍未能突破德军防线。

9 春季攻势

1918年春，德国调回东线兵力，发起春季攻势，组织“暴风突击队”攻至巴黎后，补给却完全耗尽。协约国联军趁机稳住阵地，发起反攻，迫使德军退回边境。

10 第二次马恩河战役

1918年7月，协约国联军转入反攻，夺取被德军占领的马恩河。此战导致德军超过16万人伤亡，彻底击溃德军士气。

11 德国签署停战协议

1918年11月，要求停战的德国民众在柏林发动武装起义，德国皇帝威廉二世匆匆逃往荷兰。几天后，德国临时政府与协约国签订了停战协议。第一次世界大战结束。

威廉二世

12 巴黎和会

第一次世界大战结束后，27个战胜国在巴黎凡尔赛宫举行会议，缔结“和约”。实际操纵会议的是英国、法国、美国三国首脑，苏联未受邀参加。这次会议名为“和会”，实际上是列强重新分割世界的一次分赃会议。

世界

索姆河战役爆发	美国参战	第三次伊普尔战役	春季攻势	第二次马恩河战役	德国签署停战协议	巴黎和会召开
1916年7月	1917年4月	1917年7月	1918年3月	1918年7月	1918年11月	1919年1月

遥控战车
遥控距离可达1500米的最早的无人武器
北
"飓风级"护卫舰
主要用于近海防御的舰船
伊尔轰炸机
可以从水上起飞的重型轰炸机
1940
1940
爱沙尼亚
立陶宛
1940
拉脱维亚
1940
卡累利阿–芬兰
白俄罗斯
1922
莫斯科中山大学
这是为了支持中国革命而设立的大学，邓小平、叶剑英、董必武等都在这里学习并毕业。
摩尔达维亚
1940
乌克兰
1922
莫斯科
列宁
苏联"十月革命"的领导人
黑
海
苏维埃社会主
莫斯科国立大学
托洛茨基
"十月革命"的指挥者
斯大林
苏联第二代领导人
俄罗斯联邦
1922
1936
格鲁尼亚
亚美尼亚
1936
阿塞拜疆
1936
里
海
咸海
哈萨克
1936
阿赫玛托娃
被誉为"俄罗斯诗歌的月亮"的苏联女诗人
土库曼
1924
乌兹别克
1925
朱可夫
在诺门罕战役中痛击日军的苏军将领
曼纳海姆
带领芬兰实现独立的芬兰共和国总统
共产国际
这是全世界共产党和共产主义组织的国际联合组织，受苏联的影响较大。
吉尔吉斯
1936
西摩·海耶
被称为"白色死神"的芬兰狙击手
塔吉克
1929
契卡
这是苏联内部肃反组织和秘密警察部队。全称"全俄肃清反革命和清除怠工特别委员会"，是"克格勃"（情报安全机构）的前身。

欧洲

苏联

1917年11月7日（俄历10月25日），十月社会主义革命爆发，俄罗斯苏维埃联邦社会主义共和国建立。1922年12月30日，在莫斯科大剧院召开了苏维埃社会主义共和国联盟第一次苏维埃代表大会，会上通过了苏维埃社会主义共和国联盟成立宣言和联盟条约。“苏维埃社会主义共和国联盟”简称“苏联”，“苏维埃”意为“代表会议”。苏联是当时世界上国土面积最大的国家，在20世纪30年代末工业生产总值居欧洲第一、世界第二，与美国并列为超级大国。

欧洲 苏联简史

1 二月革命

第一次世界大战期间，沙俄军队连连溃败，死伤惨重，国内人民反战情绪日益高涨。1917年3月（俄历2月），俄国民众爆发革命，推翻了沙皇统治。“二月革命”后，资产阶级建立了临时政府，掌握主要权力，和“二月革命”中建立的工人士兵代表苏维埃同时存在。

2 十月革命

临时政府不顾人民的死活，继续进行对外战争。1917年11月（俄历10月），列宁领导布尔什维克党发动革命，临时政府被推翻。起义胜利后，苏维埃政府成立，很快与德国和奥匈帝国达成协定，退出了第一次世界大战。

3 国内战争

十月革命胜利后，苏维埃政权遭到国内外敌人的武装反对。但是，新生的苏维埃政权领导红军奋勇抗战，经过艰苦的国内战争，最终粉碎了外国的武装干涉和国内的反革命叛乱。

4 波苏战争

1920年，波兰军队入侵苏俄，苏维埃红军进行反攻，不仅解放了白俄罗斯，一度还逼近华沙。没过多久，红军又遭到波兰军队的反攻，不得不后撤。10月，苏波签署停战协定。

5 新经济政策

粉碎了国内外敌人的进攻后，列宁开始主持国家的重建工作，颁布新经济政策，施行了减少税收、引进外资、恢复市场经济等改革措施。

6 苏联成立

1922年12月30日，俄罗斯、白俄罗斯、乌克兰和外高加索联邦共同签订《苏联成立条约》，宣告苏维埃社会主义共和国联盟正式成立。

7 农业集体化

斯大林执政后，开始推动苏联的第一个五年计划，其主要目标是实现农业集体化，即政府统一安排全国农业产品的生产、运输和销售。虽然这种政策让苏联的农业、工业均得到一定发展，但农民的生产积极性被严重打压，也为之后的饥荒埋下了隐患。

“二月革命”	“十月革命”	国内战争		新经济政策	苏联成立	第一个五年计划	农业集体化
1917年3月（俄历2月）	1917年11月（俄历10月）	1918年	1920年	1921年	1922年	1928年	1929年

8 大清洗开始

1934年，苏联中央委员会书记基洛夫被枪杀，斯大林以此为借口发动了“肃反”运动（大清洗），处决了很多高级官员和平民。

9 诺门罕战役

1939年5月，日军进犯诺门罕（在蒙古和中国东北边境处）。朱可夫率苏军迎战，大胜日军。直到“二战”结束，日本也不敢主动进攻苏联。

10 《苏德互不侵犯条约》

这时，苏联为应对战争威胁、争取备战时间，与纳粹德国签订了《苏德互不侵犯条约》。之后，苏联、德国共同瓜分波兰，苏联在波兰境内建立起战争防备缓冲带。

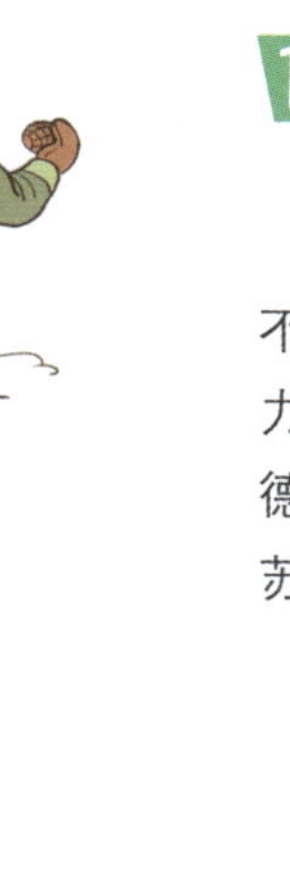

12 卫国战争爆发

1941年6月，纳粹德国撕毁《苏德互不侵犯条约》，出动190个师约550万兵力闪击苏联。由于斯大林判断失误，德军兵临莫斯科，苏联岌岌可危。

11 冬季战争

“二战”初期，苏联与芬兰之间因国境线争议而爆发战争。苏联首先向芬兰发动进攻，最终以惨烈的代价取胜。

13 卫国战争胜利

1942年，斯大林格勒会战爆发，苏军凭借顽强的战斗精神和坚韧不拔的毅力扭转了战局。1945年4月30日，苏军攻占德国首都柏林，德国无条件投降，苏联卫国战争胜利结束。

14 美苏争霸

“二战”后，美国与苏联争夺世界霸权。苏联在与美国的竞争中逐渐失利，加上各种政治、经济原因，1991年底苏联解体。

1934年	1939年	1941年	1945年	20世纪50年代
大清洗开始	冬季战争 诺门罕战役 《苏德互不侵犯条约》	卫国战争爆发	卫国战争胜利	美苏争霸

世界·第二次世界大战

第一次世界大战仅过去20年，世界浩劫再起，第二次世界大战爆发，将近7000万人死于这场战争。它是人类历史上死伤人数最多的战争，也改变了世界局势，美国和苏联成了新的超级大国。整个“二战”由欧洲战场、太平洋战场、亚洲战场、北非战场四个重要战场组成。

日本零式战机

当时世界上速度最快的战斗机

蘑菇云

原子弹爆炸后产生的蘑菇形状云团

纳粹党

纳粹党全称“民族社会主义德国工人党”，在希特勒领导下成为德国独裁政党，因此“二战”期间的德国也被称为“纳粹德国”。

M4A1 谢尔曼中型坦克（美）

希特勒

法西斯德国元首、挑起第二次世界大战的头号战犯

古德里安

德国陆军将领、闪击战理论倡导者

曼施坦因

苏德战场的德军指挥官

Ju88轰炸机（德）

这种轰炸机为德军主力轰炸机，可坐5人，载弹量3000千克。

墨索里尼

意大利法西斯独裁者、第二次世界大战的元凶之一

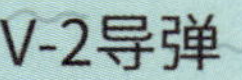

V-2导弹

德国研制的世界上最早投入实战的弹道导弹

隆美尔

被称为“沙漠之狐”的北非战争中的德军司令

朱可夫

苏联元帅

纳粹集中营

德国在占领区内修建的用于屠杀当地平民、犹太人和战俘的场所

奥斯维辛集中营

这是位于波兰奥斯维辛的最大集中营，有“死亡工厂”之称。

英国“玛蒂尔达”步兵坦克

世界上唯一以女性名字命名的坦克

1号自行反坦克炮（德）

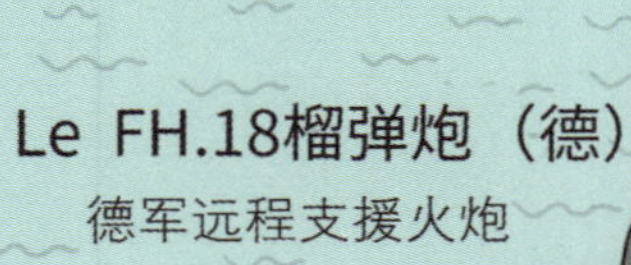

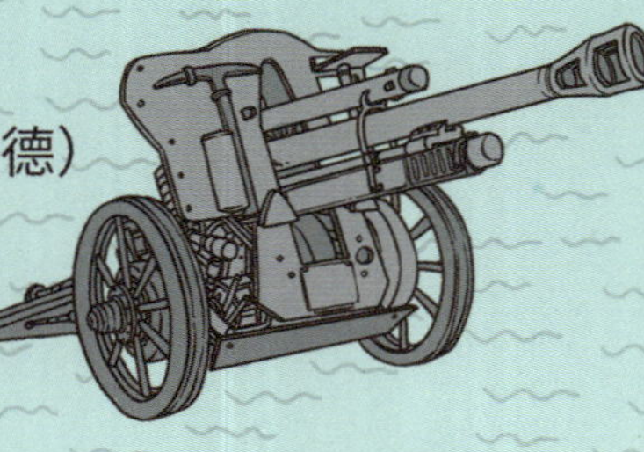

Le FH.18榴弹炮（德）

德军远程支援火炮

U-505潜艇

德军的海战利器

苏联狙击手

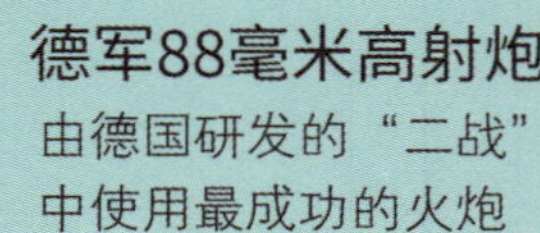

德军88毫米高射炮

由德国研发的“二战”中使用最成功的火炮

Bf-109战斗机（德）

德国主力战机

法西斯

原指象征古罗马执政官权力的束棒

法西斯主义

这是推行恐怖统治和武力侵略的反动思潮，鼓吹一个民族，一个国家，一个领袖。

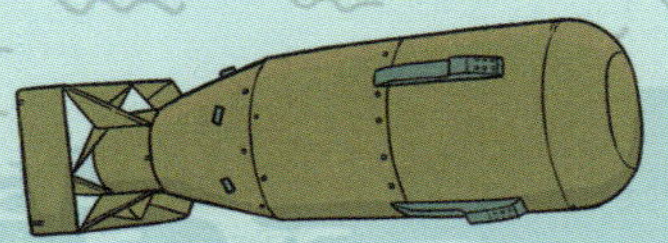

“小男孩”原子弹

这是人类历史上第一枚用于战争的原子弹，1945年8月6日被投掷在日本广岛。

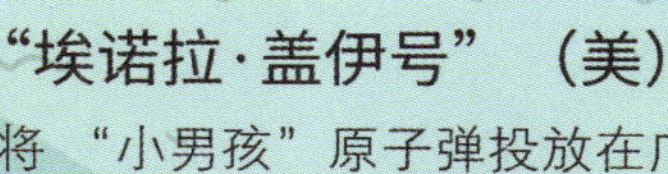

“埃诺拉·盖伊号”（美）

将“小男孩”原子弹投放在广岛的美军B-29超级堡垒轰炸机

“约克城号”航母（美）

“企业号”航母（美）

“沙漠轻骑”十字军坦克（英）

英军用在北非战场上的主力坦克

丘吉尔

“二战”期间的英国首相

罗斯福

“二战”期间的美国总统

山本五十六

他是日本海军大将，指挥偷袭珍珠港和中途岛战役。

蒙哥马利

他是英国陆军元帅，率部在北非作战，取得重大胜利。

戴高乐

他是法国军事家、政治家，法国战败投降后，他流亡英国，带领法国士兵继续战斗，“二战”后当选总统。

“加贺号”航母（日）

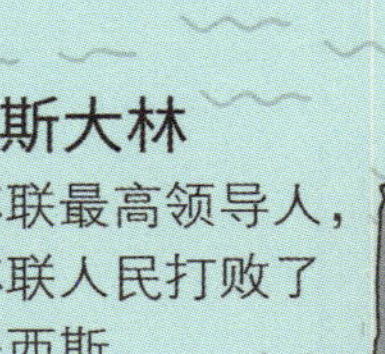

斯大林

他是苏联最高领导人，带领苏联人民打败了德国法西斯。

“赤城号”航母（日）

SBD“无畏式”战斗机（美）

巴顿将军

他是美国四星上将，善于指挥坦克战，曾在北非和欧洲战场多次打败德国和意大利军队。

喀秋莎火箭炮（苏）

“小飞象”谢尔曼坦克（美）

英国“飓风式”战斗机

不列颠空战中的最大功臣

T-34中型坦克（苏）

摩托化步兵

负责占领和包围的后方步兵部队

世界·

第二次世界大战简史

这不是和平，而是20年的休战。

法国元帅福煦

1 《凡尔赛和约》

1918年11月，“一战”结束。1919年6月，协约国和参战各国签订《对德和约》（即《凡尔赛和约》）。和约内容对德国十分苛刻，这让德国人埋下了复仇的种子。

2 经济大萧条

1929年，经济衰退从美国开始席卷全球，工人大规模失业，物价飞涨。百姓难以生存，社会动荡不安，而资本家宁愿将牛奶倒掉，也不分给穷人。

3 卢沟桥事变

日本继1931年侵占中国东北后，于1937年7月发动卢沟桥事变，开始了全面侵华战争。中国开始全民族抗战，开辟了世界上第一个反法西斯战场。

4 欧洲战争策源地

德国法西斯政党掌握政权，标志着欧洲战争策源地形成。1937年11月初步形成了柏林-罗马-东京轴心侵略军事集团。

5 德国闪击波兰

1939年，德国发明“闪电战”，利用机械化部队快速击败波兰。之后，丹麦、挪威、荷兰、卢森堡、比利时纷纷败于“闪电战”。

6 德军突破马奇诺防线

为了防御德国，法国斥巨资在德法边界修建巨型防御工事——马奇诺防线。然而，1940年德军绕过防线直攻巴黎，仅用1个多月就击溃了号称拥有“欧洲最强陆军”的法国。

7 敦刻尔克大撤退

1940年5月，英法联军向敦刻尔克撤退，准备渡过英吉利海峡逃回英国。希特勒命令德军装甲兵团暂停前进，英法联军绝处逢生，实现了历史上最大规模的军事撤退行动。

斯大林

我只要在苏联这个破房子的门上踹一脚，它就会垮掉！

8 苏联卫国战争爆发

1941年6月，纳粹德国撕毁《苏德互不侵犯条约》，对苏联发动“闪电战”，苏联卫国战争爆发。

9 莫斯科保卫战

1941年9月，德军逼近苏联首都莫斯科。斯大林在红场发表演说，数十万红军参加红场的阅兵式后，直接开往前线，拼死抵抗德军前进。之后苏军反击，粉碎了德国“闪电战”。

《凡尔赛和约》签订	经济大萧条开始	卢沟桥事变	欧洲战争策源地形成	德国闪击波兰	德军突破马奇诺防线 敦刻尔克大撤退	苏联卫国战争爆发	莫斯科保卫战开始	日军偷袭珍珠港	中途岛海战
1918年	1929年	1937年7月	1937年11月	1939年9月	1940年	1941年6月	1941年9月	1941年12月	1942年6月

10 日军偷袭珍珠港

1941年12月7日，日本派出6艘共载机400多架的航母偷袭美国太平洋舰队基地——夏威夷珍珠港。美军疏于防范，损失惨重。第二天，美国对日本宣战，太平洋战争爆发。

11 中途岛海战

1942年5月，美军在事先破译了日军密码电报，获得日军作战计划等情况下，及时备战，6月成功击退日本海军对中途岛环礁的攻击。

12 斯大林格勒战役

1942年7月，德国开始进攻苏联斯大林格勒。苏军凭借顽强的意志，巷战半年，之后经过反攻，使德军遭到发动战争以来最大的失败。此战是苏德战争乃至整个第二次世界大战的转折点。

13 北非战争

1940年起，德军、意军与英军在英国殖民地——北非展开争夺战。初期，隆美尔大败英军。1942年，美军参战，大批军队和军需物资源源不断被运往北非。1943年5月，非洲战场的德国、意大利军队全部投降。

14 西西里岛登陆

1943年7月，美军和英军在意大利的西西里岛登陆，突破德军和意军防线，先后进入墨西拿，占领全岛。

15 库尔斯克会战

1943年7月，德军在库尔斯克对苏联发动攻坚战。数百辆坦克组成的苏军装甲部队如“钢铁洪流”般碾压过德军阵地，德军惨败并从此完全失去战略主动权。

16 诺曼底登陆

1944年6月，145万盟军士兵横渡英吉利海峡，在法国诺曼底登陆，建立起反攻据点，开始对德国发起全面反攻。诺曼底登陆战是迄今为止人类历史上规模最大的海上登陆作战。

17 华沙-波兹南战役

1945年1月，苏军反攻至波兰，分割突击，各个击破德军，解放了整个波兰，救下了集中营中幸存的数万犹太人。

18 柏林战役

1945年4月，苏军元帅朱可夫率军强攻柏林，希特勒在绝望中自杀。5月，德国国防军最高统帅部代表向苏军和盟国远征军无条件投降，标志着德国法西斯的灭亡和欧洲战事的结束。

19 投掷原子弹

美国于1945年8月6日在日本广岛投下第一枚原子弹；3天后，又在长崎投下第二枚原子弹，造成20多万日本平民伤亡。8月15日，日本宣布无条件投降。

斯大林格勒战役开始	盟军在北非胜利	西西里岛登陆 库尔斯克会战	意大利投降	盟军开始登陆诺曼底	华沙-波兹南战役	柏林战役	德国无条件投降	投掷原子弹 日本无条件投降
1942年7月	1943年5月	1943年7月	1943年9月	1944年6月	1945年1月	1945年4月	1945年5月	1945年8月

京剧
被视为中国国粹的传统戏剧种之一
五嶽獨尊
昂头天外
围棋
大熊猫
泰山
泰山是五岳之首，也是古代帝王封禅或祭祀的地方。
丹顶鹤
马门溪龙
这是中国发现的最大的蜥脚类恐龙之一，脖子长约12米。
长城
长城从春秋时期开始修建，一直到明朝，持续修建了2000多年，绵延上万里。现在，长城虽然已经失去了防御的作用，但仍巍然屹立，彰显着中华民族悠久的历史和中国古代建筑工程的伟大成就。
龙
中国古代神话传说中的神兽
梅花
桃子
朱鹮
古代四大发明
活字印刷术
丽江古城
太极拳
牡丹
造纸术
硝酸钾
硫磺
木炭粉
黑火药
指南针

中华人民共和国

·亚洲·

中华人民共和国，简称“中国”。中国疆域辽阔，民族众多，是目前世界上人口最多的国家。中国拥有壮观的长城、故宫、兵马俑，还有书法、围棋、中医、武术和可爱的大熊猫等。如今，中国经济正飞速发展。

炸酱面

烧麦

饺子

茶叶

烤鸭

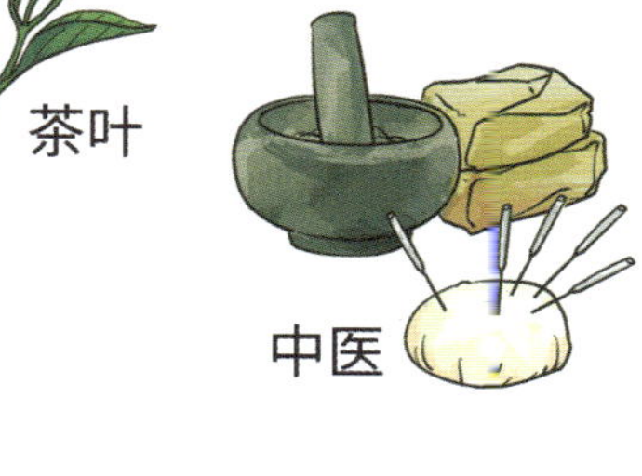

中医

水立方

这是国家游泳中心

鸟巢

这是国家体育场，外观就像一个用无数条钢架编织而成的鸟巢。

乒乓球

金丝猴

旗袍

少林功夫

杂交水稻

1973年，袁隆平培育出了第一代籼型杂交水稻，也叫“东方魔稻”。

辽宁舰

2012年9月，中国第一艘航空母舰——辽宁舰完成建造。

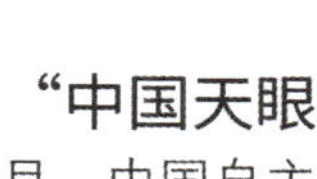

“中国天眼”

2016年9月，中国自主知识产权、世界最大单口径、最灵敏的射电望远镜——“中国天眼”落成启用。

东北虎

扬子鳄

“东方红一号”

1970年4月，中国第一颗人造地球卫星——“东方红一号”发射成功。

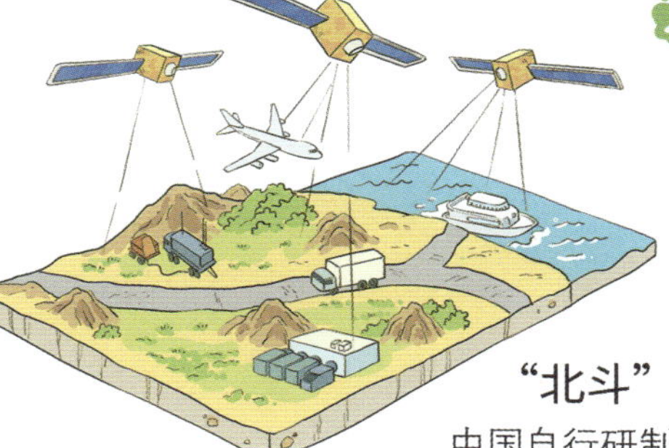

“北斗”卫星导航系统

中国自行研制的全球卫星导航系统

藏羚羊

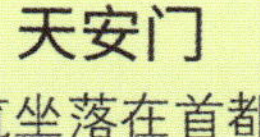

天安门

这座建筑坐落在首都北京市中心，旧称“承天门”，是故宫的正门。1949年10月，中华人民共和国开国大典就是在这里举行的。

港珠澳大桥

2018年10月，被誉为桥梁界的“珠穆朗玛峰”的港珠澳大桥正式通车运营。

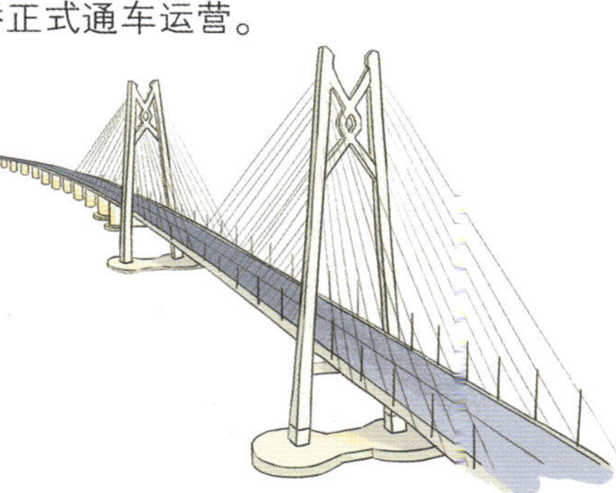

“神舟十四号”

2022年6月，3名中国航天员乘坐“神舟十四号”成功“入住”中国空间站核心舱，在轨驻留6个月。

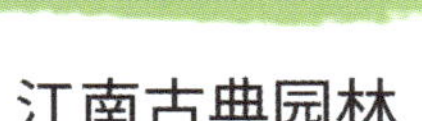

江南古典园林

亚洲 中华人民共和国简史

1 中国共产党成立

1921年7月23日至31日，党的第一次全国代表大会召开，中国共产党正式成立。

2 抗日战争胜利

1937年7月7日，日本发动全面侵华战争，中国军队奋起抵抗。1945年8月15日，日本宣布无条件投降。经过八年全民族抗战，中国军民终于取得了抗日战争的历史性胜利。

3 中华人民共和国成立

1949年10月1日，中华人民共和国成立。

4 抗美援朝战争

1950年6月，朝鲜内战爆发。美国悍然出兵干涉朝鲜内政。为了抗美援朝，保家卫国，中国人民志愿军开赴朝鲜，同朝鲜军民共同抗击美国侵略者。

5 第一颗原子弹爆炸成功

1964年，中国自行研制的第一颗原子弹在新疆罗布泊爆炸成功。3年后，中国的第一颗氢弹也在新疆罗布泊爆炸成功。

6 党的十一届三中全会召开

1978年，党的十一届三中全会在北京召开，作出了把党和国家的工作中心转移到经济建设上来，实行改革开放的历史性决策。

7 设立经济特区

1980年，中国在深圳、珠海、汕头和厦门设立经济特区，扩大对外贸易，引进外资，学习国外先进技术和经营管理办法。

8 香港、澳门回归祖国

1997年7月1日，中国正式对香港恢复行使主权，香港顺利回到祖国怀抱。1999年12月20日，中国正式对澳门恢复行使主权，澳门也回到祖国怀抱。

9 加入世界贸易组织

2001年12月11日，中国正式加入世界贸易组织，成为其第143个成员国。

10 “神舟五号”返回地面

2003年10月，中国的第一艘载人航天飞船“神舟五号”在酒泉卫星发射中心发射，在轨运行14圈，历时21小时23分，之后它的返回舱返回内蒙古主着陆场。

11 北京奥运会

2008年，第29届夏季奥林匹克运动会在中国首都北京成功举办。奥运会赛场上，中国以51枚金牌居金牌榜首名，是奥运历史上首个登上金牌榜首的亚洲国家。

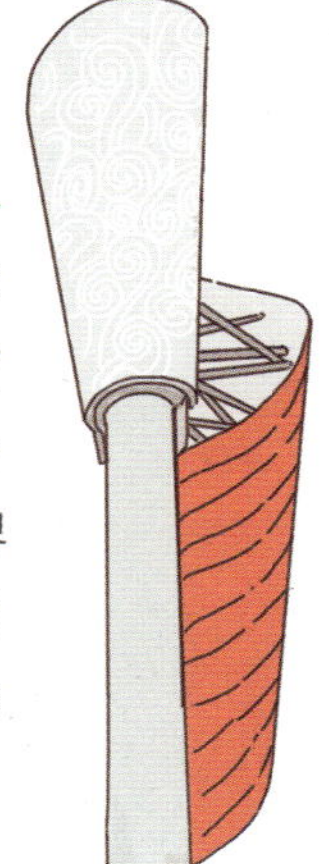

12 北京冬季奥运会

2022年，北京携手河北张家口成功举办第24届冬季奥林匹克运动会。北京也就此成为全球唯一一个既举办过夏季奥运会、又举办过冬季奥运会的“双奥之城”。

1921年	中国共产党成立
1945年	中国抗日战争胜利
1949年	中华人民共和国成立
1950年	抗美援朝战争爆发
1964年	第一颗原子弹爆炸成功
1967年	第一颗氢弹爆炸成功
1978年	党的十一届三中全会召开
1980年	设立经济特区
1997年	香港回归
1999年	澳门回归
2001年	加入世界贸易组织
2003年	“神舟五号”返回地面
2008年	北京奥运会举办
2022年	北京冬季奥运会举办

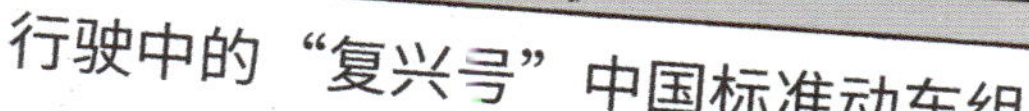
行驶中的“复兴号”中国标准动车组

信息时代

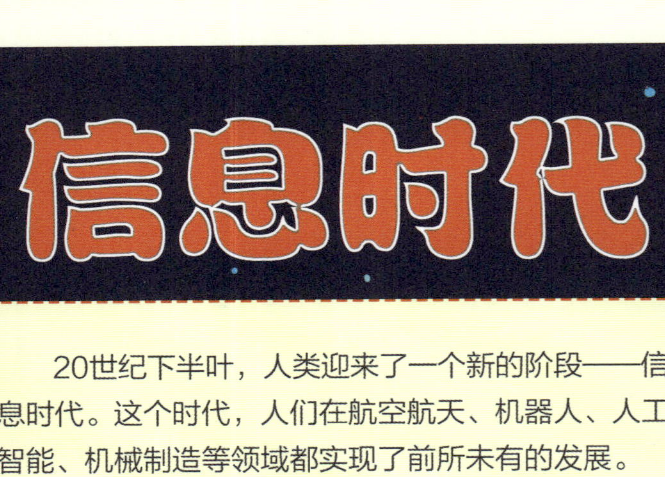

20世纪下半叶，人类迎来了一个新的阶段——信息时代。这个时代，人们在航空航天、机器人、人工智能、机械制造等领域都实现了前所未有的发展。

法国单人飞行器

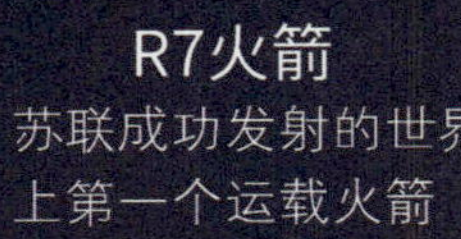

R7火箭

苏联成功发射的世界上第一个运载火箭

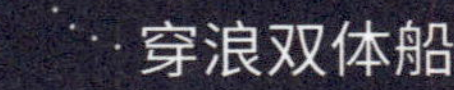

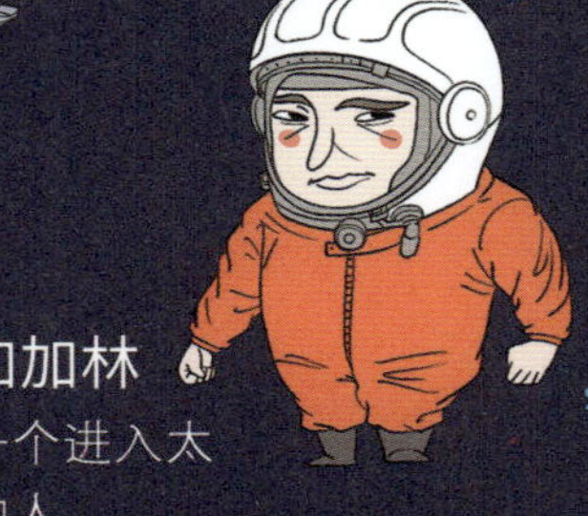

穿浪双体船

能在水面高速行驶的船体

加加林

第一个进入太空的人

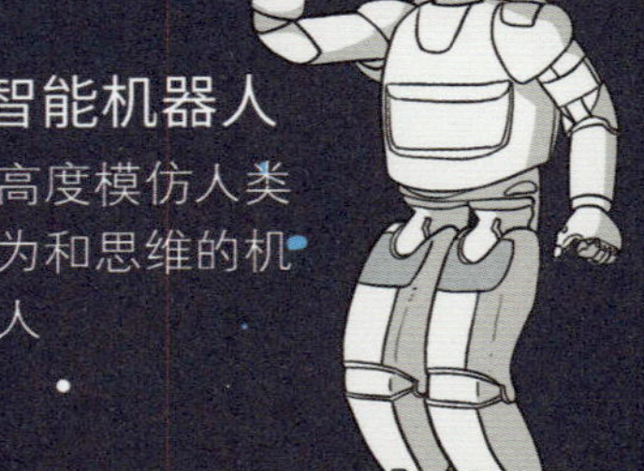

智能机器人

能高度模仿人类行为和思维的机器人

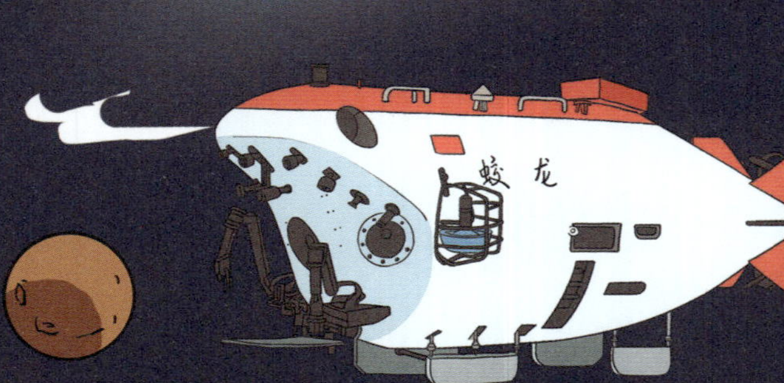

“阿波罗11号”飞船

1969年7月20日第一次登上月球的飞船

“蛟龙号”潜水器

这是中国发明制造的载人潜水器，可以下潜到7000米深的海底。

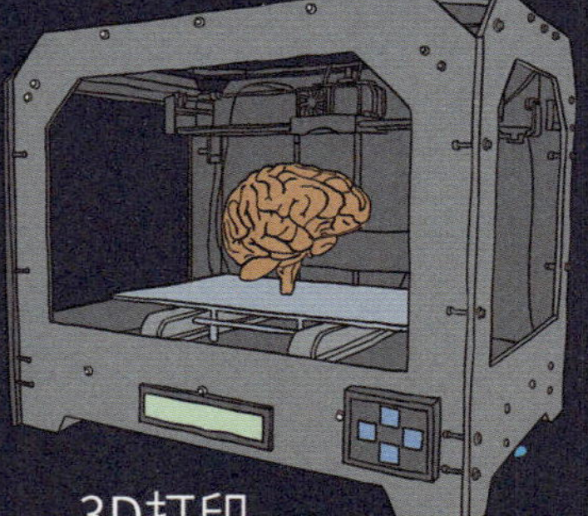

天基激光

从太空发射的激光武器

3D打印

可以打印出三维物体的技术

高超音速飞行器

以超单速冲压发动机为动力的飞行器

“斯普特尼克1号”人造卫星
1957年10月4日苏联发射的成功进入地球轨道的人造卫星
“别尔哥罗德号”特种核潜艇
这是俄罗斯研制的潜艇，全长180多米，堪称“水下航母”。
航天飞机
火箭动力飞机
月球车
它的全称为“月球探测远程控制机器人”，是在月球表面帮助宇航员考察和收集分析样品的专用车辆。
机器蚂蚁
德国人发明的微型机器人
机械狗
美国人发明的山地搬运机器人
阿姆斯特朗
第一个登上月球的人
无人驾驶汽车
“祝融号”火星车
“天问一号”探测器
负责执行中国第一次自主火星探测任务的探测器
纳米机器人
纳米材料的颗粒比人体的细胞还小，纳米机器人可被注射到人体里检查病变。
“墨子号”卫星
“嫦娥五号”月球探测器
2020年11月24日，“嫦娥五号”发射升空，它是中国首个实施无人月面取样返回的月球探测器。
“天宫”空间站
中国自有的空间站

发现、发明与创造

工具
人类使用石器和打制石器

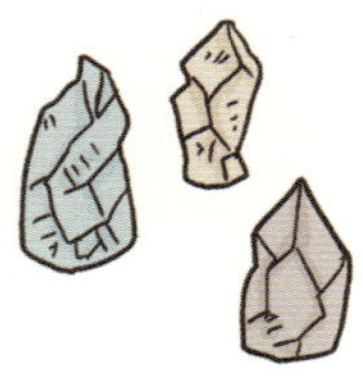

约200万年前

火
人类开始人工控制天然火

约130万年前

艺术
人类创造了艺术，如洞穴壁画、岩画。

约公元前2万年

农业
人类开始种植谷物，并学会驯养动物，如狗、猪等。

约公元前1万年

车轮
人类发明了车轮

约公元前4000年

冶铜
古埃及、西南亚、南欧、中欧等地先后开始用矿石炼铜

约公元前4000～前3000年

文字
人类发明了文字

约公元前3200年

帆船
埃及人发明了帆船

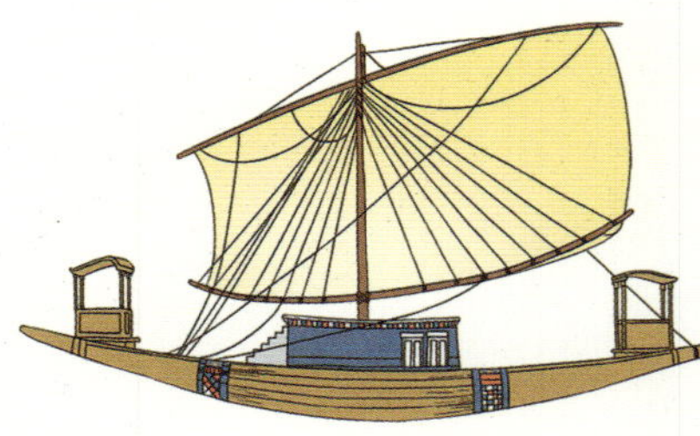

约公元前3100年

火药
唐朝末年，火药被中国人用于军事

890年

活字印刷术
中国人毕昇发明泥活字印刷术

1041～1048年

印刷机
德国人谷登堡发明了最早的印刷机

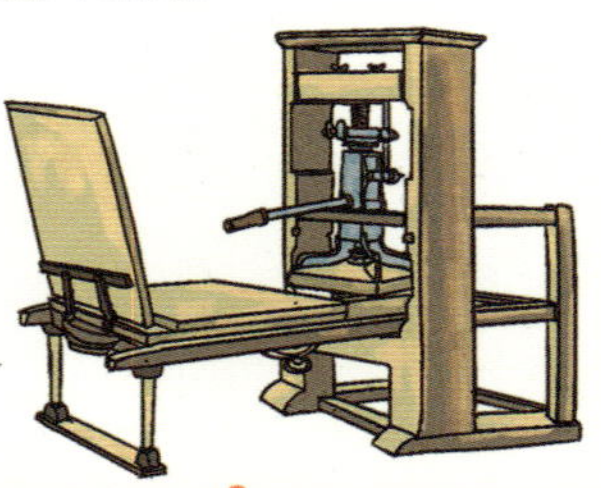

1445年

日心说
波兰人哥白尼的《天体运行论》出版

1543年

制图
比利时人墨卡托发明了现代地图绘制方法

1569年

万有引力
英国人牛顿提出万有引力定律

1687年

蒸汽机
英国人纽科门发明蒸汽机

1705年

工业革命
英国最早开始工业革命

18世纪60年代

纺纱机
英国人阿克莱特发明水力纺纱机

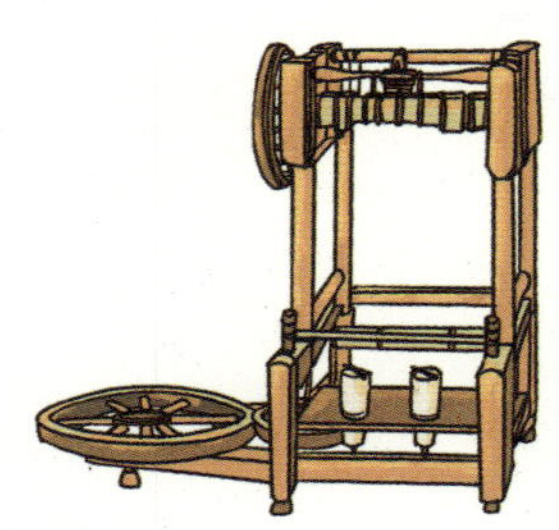

1769年

电话
美国人贝尔发明电话

1876年

电灯
美国人爱迪生发明电灯

1879年

汽车
德国人本茨发明了用内燃机驱动的汽车

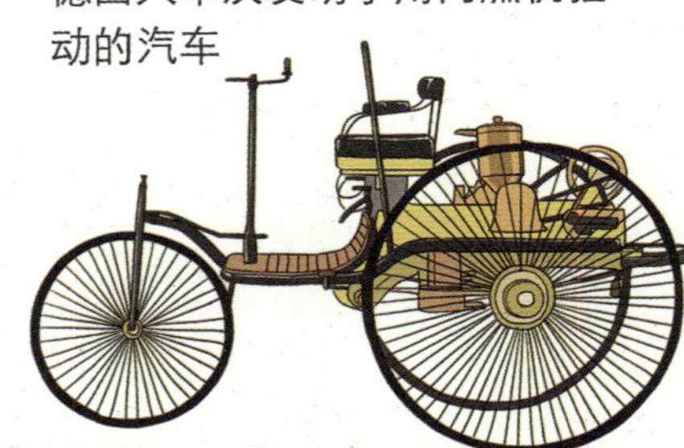

1885年

电影
法国人卢米埃尔兄弟发明电影

1894年

房屋

早期村落和房屋出现

约公元前9000年

弓箭

人类制作并使用弓箭

约公元前8500年

制陶

制陶工艺逐渐成熟

约公元前6000年

驯马

人工饲养的马匹出现

约公元前4000年

铁器

赫梯人发明了冶铁术

约公元前1400年

指南针

中国人发明“司南”，这是世界上最早的指南仪器。

约公元前475～前221年

船闸

中国人发明了斗门，斗门是现在船闸的闸门。

公元前214年

造纸

中国人蔡伦改进造纸术

公元105年

马镫

中国人发明了马镫

公元4世纪

外科手术

法国人帕雷写出最早的外科手术专著——《外科学》

1572年

银行

威尼斯出现了世界上第一家现代银行

1580年

显微镜

荷兰的詹森父子发明显微镜

约1590年

天文望远镜

意大利人伽利略自制望远镜

1609年

细胞

英国人胡克发现细胞

1665年

热气球

法国人孟格菲兄弟发明的热气球完成飞行

1783年

汽船

美国人富尔顿制造的第一艘汽船试航

1807年

火车

第一列载客火车在英国通车

1825年

进化论

英国人达尔文发表了《物种起源》

1859年

飞机

美国的莱特兄弟发明了飞机

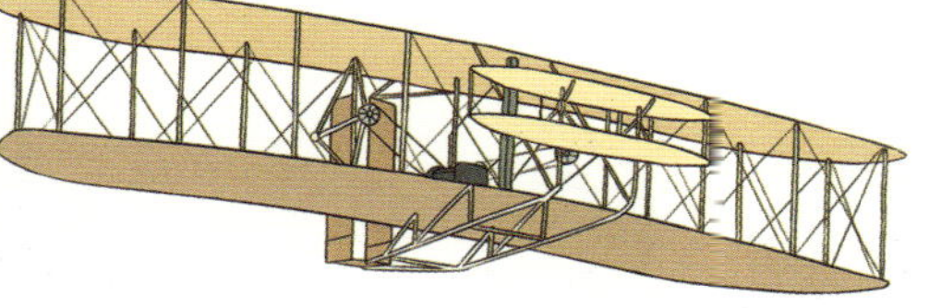

1903年

放射性

法国的居里夫妇发现了放射性元素镭

1898年

相对论

拥有美国和瑞士双国籍的物理学家爱因斯坦提出了广义相对论

1915年

火箭

德国人冯·布劳恩领导发明了V-2火箭

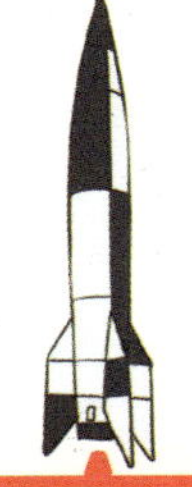

1929年

电视

彩色电视机在美国问世

1950年

伟大的历史建筑

从古至今，世界上的无数能工巧匠建成了许多让人叹为观止的建筑。从巨石阵、金字塔，到卢浮宫、比萨斜塔，我们可以看到他们迸发的奇思妙想。人类总是在不断突破自身的能力，达到新的技术水平和艺术高度。

英国威尔特郡

巨石阵

这一建筑建于约公元前2300年，是凯尔特人重要的祭祀遗址，先后分3次建成，建造时间相隔几个世纪。

埃及吉萨

胡夫金字塔

这一建筑约建于公元前26世纪，距今已有4000多年，原高146.5米，约相当于40层大厦高。

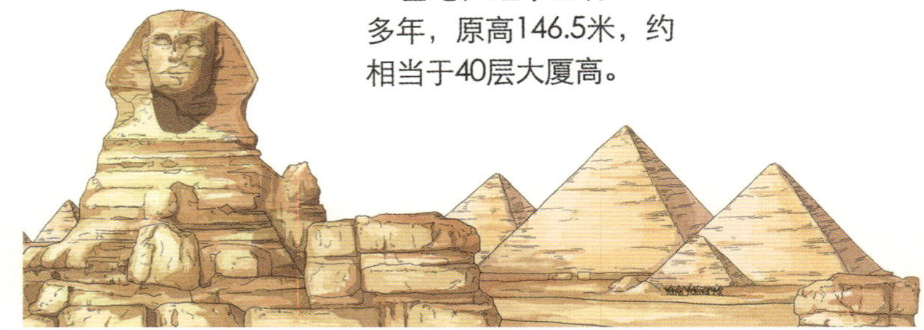

埃及亚历山大城

法洛斯岛灯塔

这一建筑始建于公元前280年左右，是当时世界上最大的灯塔。

意大利罗马

罗马大角斗场

这一建筑建于公元70年，是古罗马最大的圆形斗兽场。

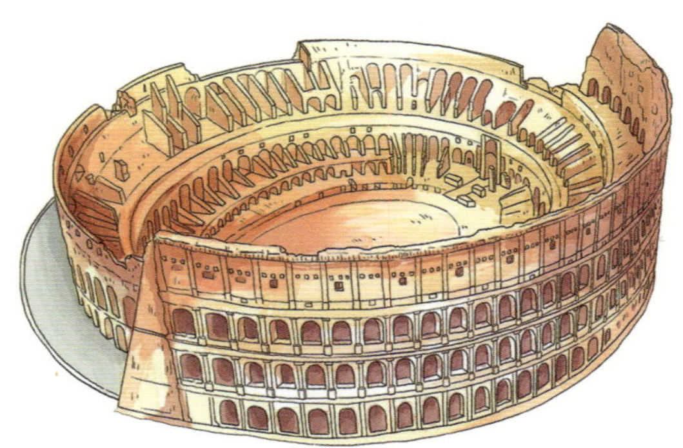

印度菩提伽耶

摩诃菩提寺

这一建筑初建于公元3世纪的阿育王时期，是为纪念释迦牟尼在此打坐悟道成佛而建。

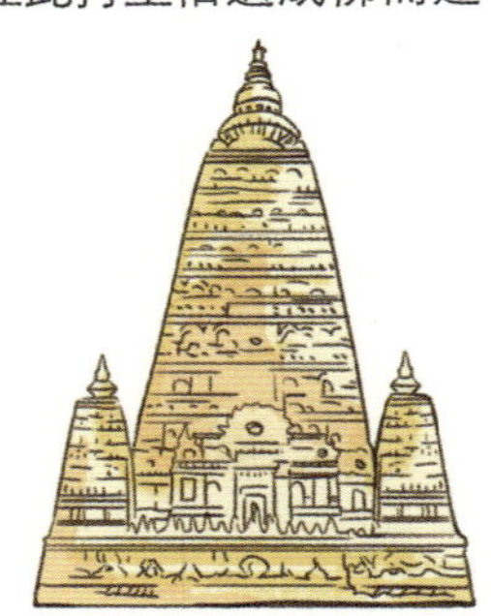

墨西哥尤卡坦

奇琴伊察

这一建筑兴建于公元850年，是古玛雅文明中的城市遗址，又称“羽蛇城”。

津巴布韦马斯温戈

大津巴布韦

这一建筑约建于8～10世纪，是撒哈拉以南非洲规模最大、工艺水平最高、保存最完整的石头城建筑。

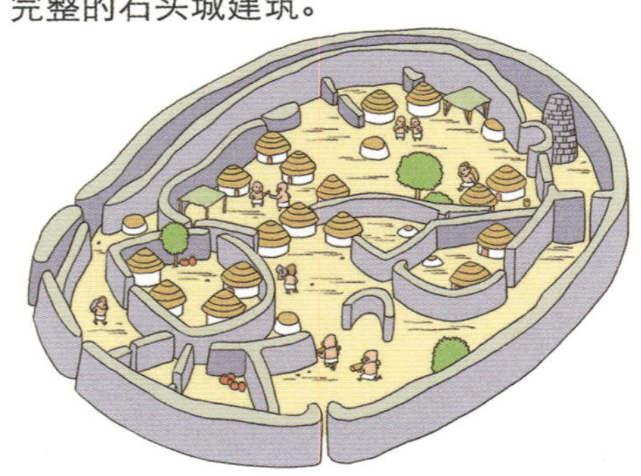

法国巴黎

巴黎圣母院

这一建筑始建于1163年，是历时180多年才建成的巴黎著名的哥特式建筑。

日本姬路

姬路城堡

这一建筑始建于1333年，是日本古代城堡，被誉为“日本第一名城”。

中国北京

北京故宫

这一建筑始建于1406年左右，是中国明清两代的皇家宫殿，又称“紫禁城”，是世界上现存规模最大的木质结构古建筑群。

意大利罗马

西斯廷教堂

这一建筑始建于1445年，教堂内珍藏着米开朗基罗等诸多名家的作品。

印度德里

红堡

这一建筑始建于1638年，是莫卧儿帝国的皇宫，具有蒙古和印度文明相交融的建筑风格。

伊拉克

空中花园

这一建筑建于公元前6世纪的美索不达米亚，被誉为“古代世界七大奇迹”之一。

约旦安曼

佩特拉古城

这一建筑建于公元前6世纪，是古代纳巴特王国的首都，被称为“玫瑰城”。

中国

长城

这一建筑始建于公元前5世纪，之后的2000多年，人们都在陆续修筑。

土耳其伊斯坦布尔

圣索菲亚大教堂

这一建筑建成于公元532年，是拜占庭建筑艺术的典范。

中国拉萨

布达拉宫

这一建筑始建于公元7世纪，坐落在拉萨市的玛布日山上，最初由吐蕃王朝赞普松赞干布兴建。

法国芒什

圣米歇尔山城堡

这一建筑始建于公元708年，至今仍然是法国重要的宗教文化胜地。

意大利比萨

比萨斜塔

这一建筑始建于1174年，因塔身倾斜却一直不倒而闻名于世。

法国巴黎

卢浮宫

这一建筑始建于1190年，原为法国王宫，现在成为世界著名的博物馆之一。

俄罗斯莫斯科

克里姆林宫

这一建筑始建于12世纪，原为俄罗斯古代王宫。

俄罗斯圣彼得堡

冬宫

这一建筑始建于1721年，既是俄国的沙皇皇宫，也是其皇家博物馆。

俄罗斯莫斯科

莫斯科大剧院

这一建筑始建于1776年，是气势恢宏的古典主义建筑。

英国伦敦

大本钟

这一建筑建成于1858年4月10日，又称“伊丽莎白”塔，是伦敦的标志性建筑。

德国巴伐利亚

新天鹅堡

这一建筑始建于1869年左右，是德国最著名的建筑之一。

重要人物

站在时代浪尖的领导者、改革者与开创者

阿育王 印度

(约公元前304～前232年)

他是印度历史上著名的国王，带来了佛教的繁荣。

亚历山大大帝 马其顿王国

(约公元前356～前323年)

他创立了横跨亚、欧、非三大洲的亚历山大帝国。

秦始皇 中国

(公元前259～前210年)

他的本名是嬴政，他是秦朝的创立者，也是中国历史上第一位皇帝。

恺撒 罗马

(约公元前100～前44年)

他是罗马共和国末期的政治和军事领袖，罗马帝国的奠基者。

君士坦丁大帝 罗马

(约公元280～337年)

他是第一位信奉基督教的罗马帝国皇帝，对后来基督教在欧洲的传播起到了重要作用。

成吉思汗 中国

(1162～1227年)

他的本名是铁木真，他是大蒙古国的奠基者和军事领袖。

哥伦布 意大利

(约1451～1506年)

他是意大利航海家，美洲大陆的发现者。

华盛顿 美国

(1732～1799年)

他是美国第一任总统，被称为“美国国父”。

拿破仑 法国

(1769～1821年)

他是法兰西第一帝国皇帝，战术上的指挥天才。

玻利瓦尔 委内瑞拉

(1783～1830年)

他是南美独立战争领袖，使5个南美国家脱离西班牙统治获得独立。

列宁 俄国

(1870～1924年)

他是俄国“十月革命”领导人，创建了世界上第一个社会主义国家。

牛顿 英国

(1643～1727年)

他发现了万有引力和三大运动定律，被认为是有史以来最伟大、最有影响力的科学家。

哥白尼 波兰

(1473～1543年)

他是文艺复兴时期的数学家、天文学家，其著作《天体运行论》被认为是现代天文学的起点。

谷登堡 德国

(约1398～1468年)

西方铅活字印刷术的发明者

欧几里得 古希腊

(约公元前325～前265年)

他是古希腊数学家，被称为“几何学之父”。

哈维 英国

(1578～1657年)

他是实验生理学的创始人之一，首次证实了血液循环现象和心脏在其中的功能。

伽利略 意大利

(1564～1642年)

他是伟大的科学家，在物理学、天文学等领域做出了重要贡献。

列文虎克 荷兰

(1632～1723年)

微生物学的开拓者

瓦特 英国

(1736～1819年)

他改良了蒸汽机，是工业革命的关键人物。

法拉第 英国

(1791～1867年)

他发现了电磁感应现象，被称为“电 父”和“交流电之父

老子 中国
(约公元前571～约前471年)
他是中国古代思想家，道家学派的创始人。

孔子 中国
(约公元前551～约前479年)
他是中国古代思想家、教育家，儒家学派的创始人。

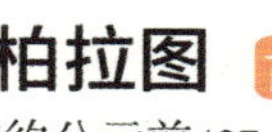

柏拉图 古希腊
(约公元前427～前347年)
古希腊哲学家

伏尔泰 法国
(1694～1778年)
他是著名作家、哲学家，法国启蒙运动的先驱者，被誉为“法兰西思想之父”。

亚里士多德 古希腊
(约公元前384～前322年)
他是古希腊哲学家，创立了形式逻辑学，丰富和发展了哲学的各个分支科学。

培根 英国
(1561～1626年)
英国唯物主义和现代实验科学的开创者

马克思 德国
(1818～1883年)
他是德国思想家，和恩格斯一起创立了马克思主义学说。

弗洛伊德 奥地利
(1856～1939年)
精神分析学的奠基人

笛卡尔 法国
(1596～1650年)
他是著名哲学家、科学家，被视为西方现代哲学的奠基人。代表作有《方法论》等。

卢梭 法国
(1712～1778年)
他是法国启蒙时期思想家、哲学家，他在《社会契约论》中论述的民主政治思想影响深远。

思想领域的巨人

达盖尔 法国
(1787～1851年)
摄影术的发明者

马可尼 意大利
(1874～1937年)
无线电的发明者

伦琴 德国
(1845～1923年)
X射线的发现者

巴斯德 法国
(1822～1895年)
他是近代微生物学的奠基者，发明了巴氏消毒法，也是发明狂犬病疫苗和炭疽病疫苗的科学家，被誉为“微生物学之父”。

莫顿 美国
(1819～1868年)
他是现代麻醉学创始人，首先将乙醚作为麻醉剂引入外科手术中。

普朗克 德国
(1858～1947年)
他是量子力学创始人之一，对物理学发展做出重大贡献。

拉瓦锡 法国
(1743～1794年)
他是化学家、生物学家，提出了“元素”的定义，为氢和氧命名，被誉为“近代化学之父”。

爱迪生 美国
(1847～1931年)
他是美国发明家，拥有灯泡和留声机等1000多项发明专利。

贝尔 美国
(1847～1922年)
电话的发明者

爱因斯坦 美国 瑞士
(1879～1955年)
他创立了相对论，被视为20世纪最伟大的科学家。

弗莱明 英国
(1881～1955年)
青霉素的发现者

达尔文 英国
(1809～1882年)
他出版了《物种起源》，创立了生物进化论。

莱特兄弟 美国
(1867～1912年/1871～1948年)
现代飞机的发明者

海森堡 德国
(1901～1976年)
他是量子力学创始人之一，创立了矩阵力学。

诱人的世界美食

德国
烤肘子

日本
寿司
和牛牛排
鮟鱇鱼肝

法国
鹅肝酱
鞑靼牛肉
烤蜗牛

意大利
帕尔马火腿
千层面
披萨
冰淇淋

中国
烤鸭
三杯鸡

印度尼西亚
沙嗲串烧

瑞典
肉丸

伊朗
烤肉饭

印度
鹰嘴豆薄饼
咖喱

埃塞俄比亚
苔麸薄饼

泰国
冬阴功

以色列
法拉费

加拿大
枫糖浆

比利时
巧克力

韩国
参鸡汤

哈萨克斯坦
马肉肠

菲律宾
莱雄（烤乳猪）
智利
海鲜汤
乌兹别克斯坦
羊肉抓饭
新加坡
辣椒蟹
澳大利亚
烩龙虾
西班牙
海鲜饭
土耳其
烤鸡饭
巴西
椰奶虾
美国（夏威夷）
生鱼沙拉
葡萄牙
蛋挞
波兰
皮耶罗吉
烤肉
越南
春卷
河粉
美国
炸鱼薯条
汉堡
墨西哥
塔可饼
塞尔维亚
熏肉炖豆子
俄罗斯
罗宋汤
委内瑞拉
阿雷帕斯
南非
南非三明治
马来西亚
肉骨茶
甜甜圈
布利尼薄饼

世界历史时间线

约公元前3500年 两河流域南部出现奴隶制小国

约公元前3100年 统一的古埃及国家建立

约公元前2697年 这是黄帝纪元元年。传说黄帝与炎帝战于阪泉，与蚩尤战于涿鹿。

约公元前2500年 印度河流域出现奴隶制城邦

公元前770年 周平王东迁洛邑，建立东周。

公元前6世纪 佛教产生

公元前509年 罗马共和国建立

公元前4世纪晚期 亚历山大帝国昙花一现

公元前324年 印度孔雀帝国建立

公元前247年 波斯帕提亚王朝（安息）建立

公元前221年 秦朝建立

公元前202年 西汉建立

公元486年 法兰克王国建立

公元610年 穆罕默德创立伊斯兰教

公元618年 唐朝建立

公元627～645年 玄奘西行

公元754年 鉴真东渡到达日本

公元793年 来自北欧的诺曼人（维京人）袭击英格兰，开启“海盗时代”。

公元800年 查理曼帝国建立

公元843年 查理曼帝国一分为三，逐渐形成法兰西、德意志和意大利封建国家。

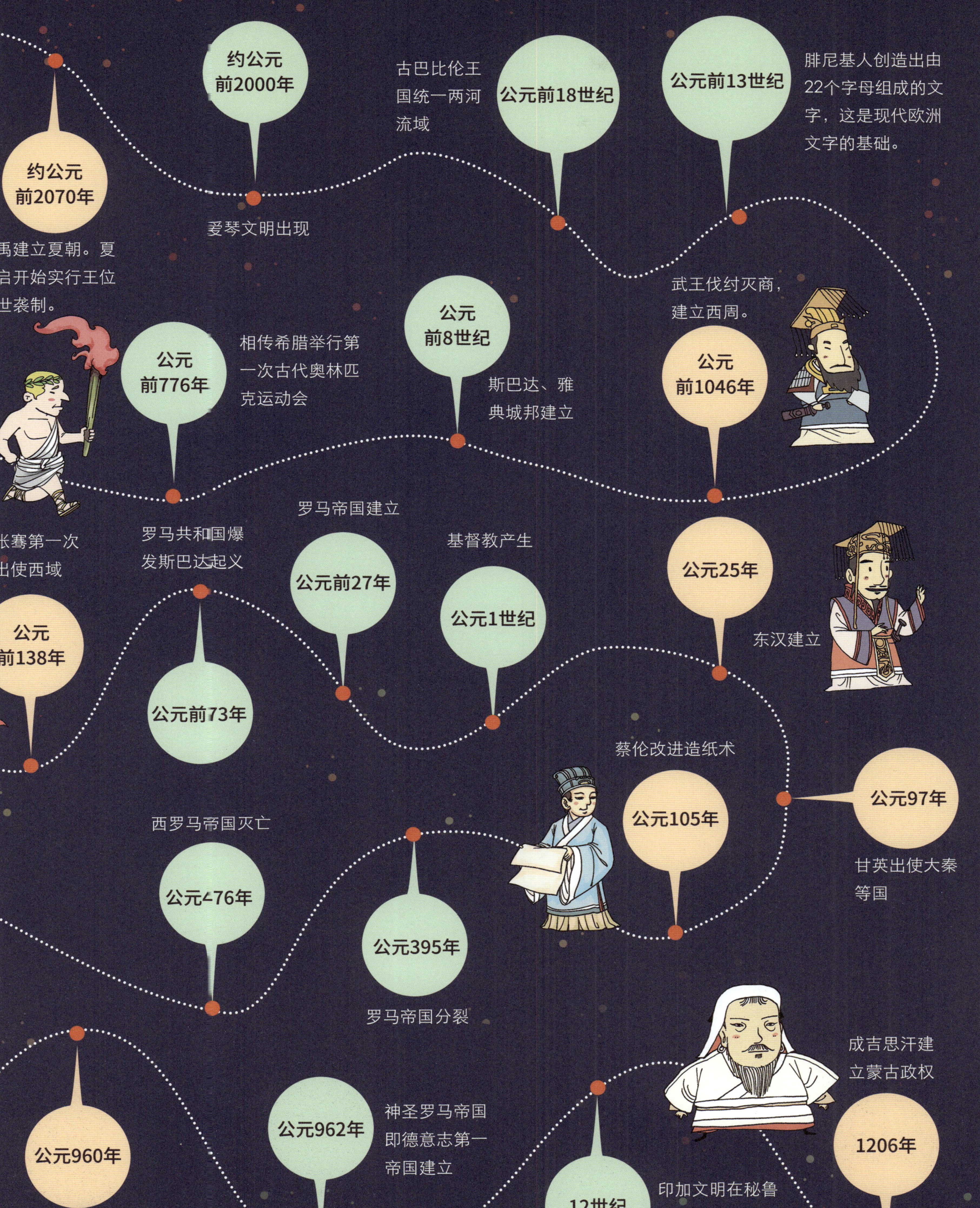

约公元前2070年
禹建立夏朝。夏启开始实行王位世袭制。
约公元前2000年
爱琴文明出现
公元前18世纪
古巴比伦王国统一两河流域
公元前13世纪
腓尼基人创造出由22个字母组成的文字，这是现代欧洲文字的基础。
公元前1046年
武王伐纣灭商，建立西周。
公元前8世纪
斯巴达、雅典城邦建立
公元前776年
相传希腊举行第一次古代奥林匹克运动会
公元前138年
张骞第一次出使西域
公元前73年
罗马共和国爆发斯巴达起义
公元前27年
罗马帝国建立
公元1世纪
基督教产生
公元25年
东汉建立
公元97年
甘英出使大秦等国
公元105年
蔡伦改进造纸术
公元395年
罗马帝国分裂
公元476年
西罗马帝国灭亡
公元960年
北宋建立
公元962年
神圣罗马帝国即德意志第一帝国建立
12世纪
印加文明在秘鲁高原出现
1206年
成吉思汗建立蒙古政权

世界历史时间线

1325年 阿兹特克人修建特诺奇蒂特兰城

1326年 奥斯曼帝国建立

1368年 明朝建立

1405～1433年 郑和七次下西洋

1775年 美国独立战争开始

1765年 瓦特改制的蒸汽机投入使用

1789年 法国大革命爆发

18世纪末19世纪初 拉丁美洲独立运动兴起

1804年 法兰西第一帝国建立

1840～1842年 第一次鸦片战争

1861～1865年 美国内战

1868年 日本开始明治维新

1921年 中国共产党成立

1922年 苏联成立

1929～1933年 资本主义世界经济大危机

1939年 第二次世界大战全面爆发

1943年 意大利投降

1945年 德国、日本先后签署无条件投降书

1949年 中华人民共和国成立

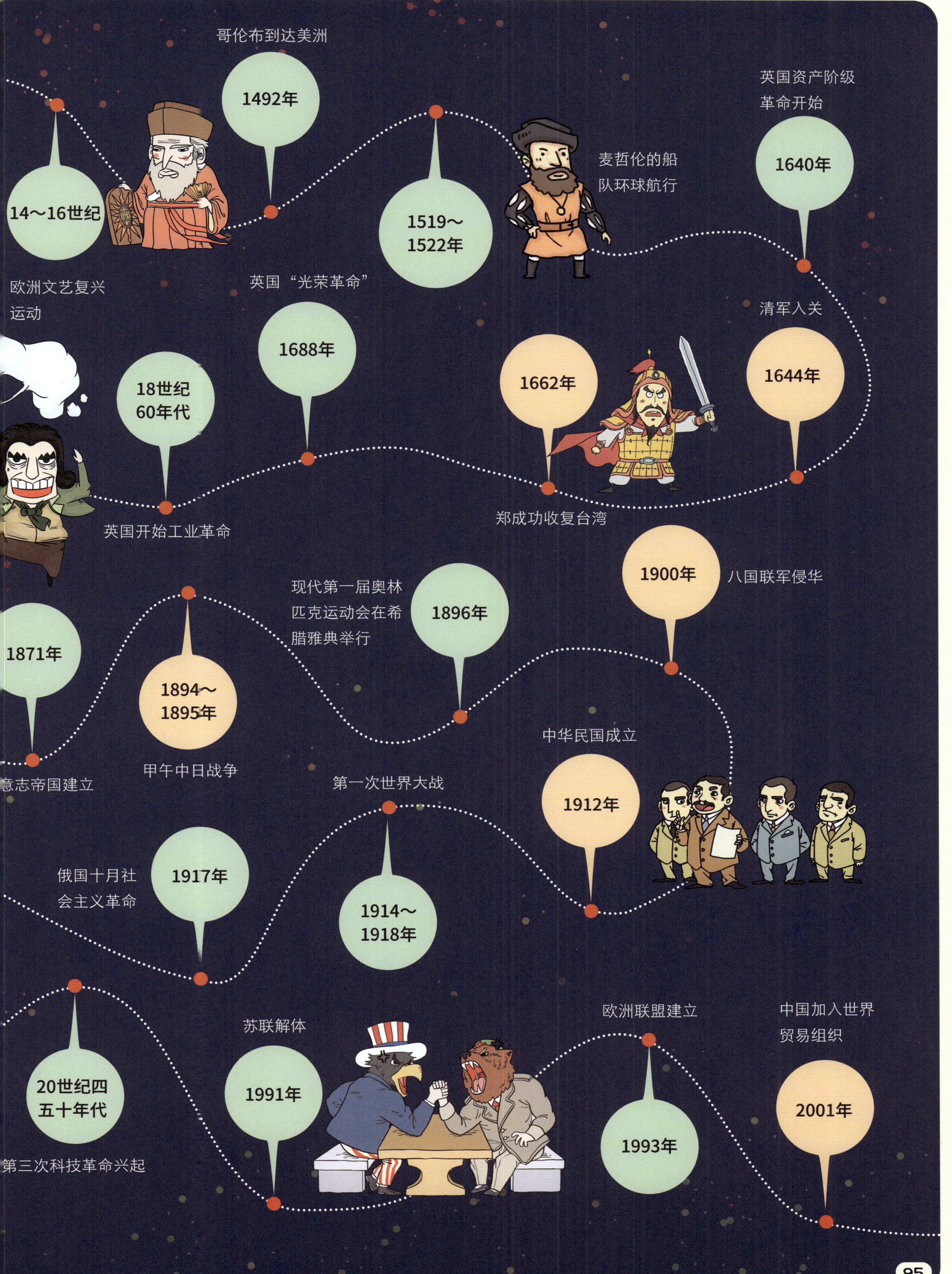

哥伦布到达美洲
1492年
14～16世纪
欧洲文艺复兴
运动
1519～
1522年
麦哲伦的船
队环球航行
英国资产阶级
革命开始
1640年
英国“光荣革命”
1688年
18世纪
60年代
英国开始工业革命
1662年
郑成功收复台湾
清军入关
1644年
1871年
意志帝国建立
1894～
1895年
甲午中日战争
现代第一届奥林
匹克运动会在希
腊雅典举行
1896年
1900年
八国联军侵华
中华民国成立
1912年
第一次世界大战
1914～
1918年
俄国十月社
会主义革命
1917年
20世纪四
五十年代
第三次科技革命兴起
苏联解体
1991年
欧洲联盟建立
1993年
中国加入世界
贸易组织
2001年